LE BARMAN UNIVERSEL

En couverture :
Bar de **La closerie des Lilas** à Paris.
Photo : Jean-Noël de Soye
Maquette Arbook

ISBN : 2-08-200016-8
Imprimé en France

P. DAGOURET

Ex-Président de l'Association Professionnelle des Directeurs
Gérants et Maîtres d'Hôtel de la Région Parisienne
Ex-Administrateur de l'Ecole Hôtelière de Paris

LE BARMAN UNIVERSEL

600 recettes de boissons de bar
les vins – les eaux minérales

FLAMMARION
26, Rue Racine, Paris

EMPLOI DES VERRES

Dans le cours de l'ouvrage, chaque recette indique le récipient pour faire le mélange et dans quel verre il faut servir.

A défaut des verres spéciaux, on peut tout faire avec les 4 verres usuels : à liqueur 3 cl, à madère 7 cl, à bordeaux 11 cl, à eau, dont la contenance correspond aux verres employés dans les bars.

Les tumblers (gobelets en verre) servent également pour la préparation des mélanges et pour boire.

TABLEAU DES VERRES

Le 1er **nombre** indique le N° du verre.
Le 2e **nombre** la contenance en centilitres.

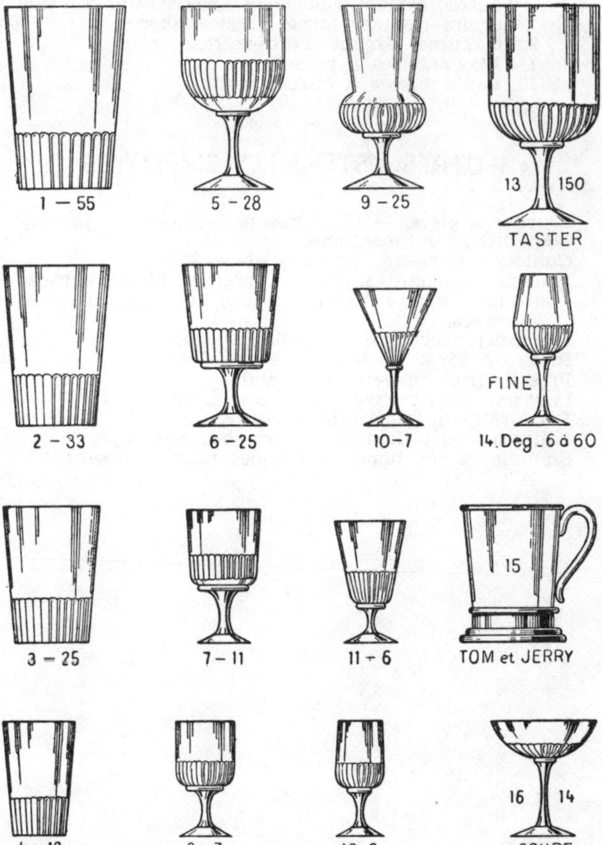

USTENSILES DE BAR

Nº 1. Longue cuiller à mélanges.
2. Râpe à muscade.
3, 4, 5. Timbales argent pour mélanges.
6. Coquille passoire pour cocktails.
7, 8. Shakers. Deux timbales emboîtées l'une sur l'autre forment également shaker. Une timbale sur un tumbler forme aussi shaker.
9, 10. Tasses argent. Porte-verre.
11, 12. Passoires à rebord.
13. Petite presse à citron, fruits.

AUTRES USTENSILES EMPLOYÉS

Broyeur à glace. — Chalumeaux.
Coquilles pour ingrédients.
Cuillers : diablotin, pilons, à glace, à punch.
Flacons stilligouttes pour : angostura bitter, curaçao rouge, orange bitter, essence de café, essences diverses.
Mesures : pour brandy, whisky, liqueurs.
Pieds : à soda, à céleri. — Pique-glace.
Presse-citron en verre ou métal.
Poivriers pour : cayenne, épices, girofle.
Porte-verre de plusieurs tailles.
Salières : sel ordinaire, sel oriental, céleri-salt.
Siphons et bouchons mécaniques pour mousseux.

USTENSILES DE BAR

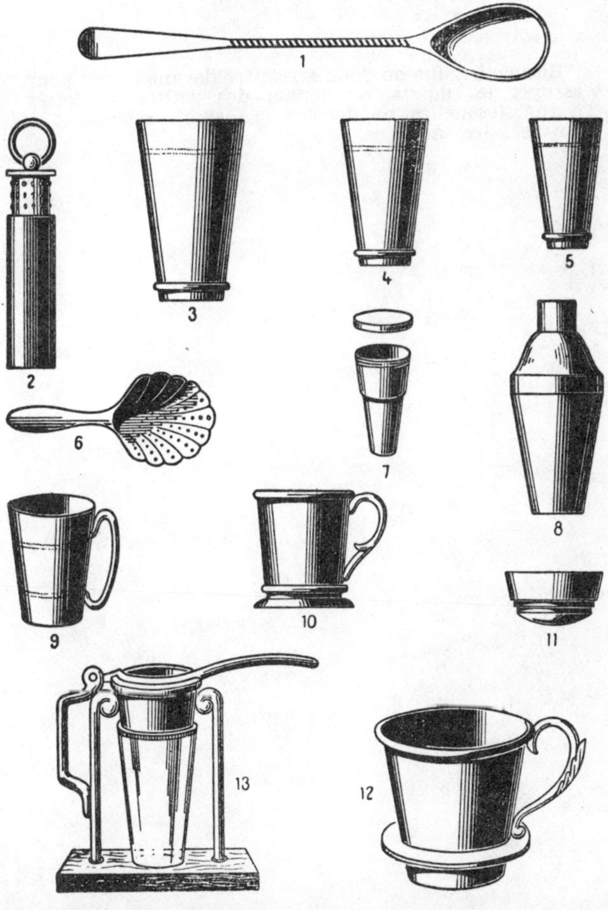

REMARQUES

Certaines personnes aimant à croquer des grains de café récemment torréfié, en placer, des coquilles sur le bar, de même que des olives.

Suspendre une ou deux serviettes devant le bar pour essuyer les doigts, ou donner des petites serviettes à thé, lesquelles ne doivent pas servir seulement à pavoiser les tablettes.

PREMIÈRE PARTIE

LE BARMAN UNIVERSEL

Avant-propos

ORIGINE DES BOISSONS

Dès sa création, l'homme a voulu rendre plus agréable la boisson que la nature dispensait à ses besoins. L'eau ordinaire lui sembla bientôt insipide, et l'intuition lui disant que la fermentation serait aux liquides ce que la cuisson était aux aliments solides, il imagina les macérations, le vin, l'hydromel, les moûts divers ; puis les hypocras ; enfin les mélanges des différentes fermentations ; alliant ainsi plus ou moins harmonieusement les parfums, les saveurs, l'alcool.

Depuis le bon père Noë nous savons qu'outre le plaisir de la consommation qui satisfait le besoin en flattant le goût, certaines boissons procurent aussi une subséquente béatitude du cerveau ; demi-extase dans laquelle beaucoup de personnes se complaisent.

Les alchimistes d'autrefois ont pâli à rechercher la solution des deux grands problèmes : la pierre philosophale, l'eau de Jouvence. Sur le premier point leurs travaux ont été stériles et vains ; mais sur le deuxième, s'ils ont failli à composer l'élixir de longue vie, ils ont, du moins, réussi à retirer de leurs cornues, de leurs alambics, des produits infusés, macérés ou distillés, connus alors sous les noms de : baumes, philtres, cordiaux, extraits ou élixirs ; lesquels, s'ils ne procuraient pas l'éternel printemps, s'ils n'étaient pas l'universelle panacée, s'ils ne prolongeaient pas réellement la vie, la faisaient cependant paraître parfois plus agréable et, dans certains cas, apportaient aux malades un véritable réconfort ; aux malheureux l'oubli momentané de leurs peines ; aux épuisés un renouveau de forces, une jeunesse, éphémère sans doute, mais pourtant incontestable pendant ses effets.

Les premières liqueurs furent ainsi créées. La médecine empirique s'en empara, leur usage se vulgarisa. Puis des praticiens émérites, de savants chimistes travaillant alors sur des bases positives, sans cesse accrues, réussirent à améliorer, à perfectionner ces premiers produits et à nous doter de ces belles, bonnes et délectables liqueurs qui, flattant l'œil et réjouissant l'esprit font la joie du gourmet. Si elles ne coulent point de l'illusoire fontaine de Jouvence, elles sont néanmoins une source de plaisirs.

Il semble que l'on eût pu s'en tenir à ce magnifique résultat. Mais l'homme est épris d'excellence. Le progrès ne peut s'arrêter sans perdre et son sens et son nom. Le bien-être ne suffit plus, le mieux-être nous attire constamment. La perfection est un perpétuel devenir.

De chacune de ces liqueurs lentement nées des longues recherches, des patients et minutieux travaux de laboratoire, nous aurions pu nous déclarer satisfaits. Non ! Il fallait de tant d'excellences, de tant d'exaltations, par des combinaisons différentes, extraire de nouvelles délectations ; et trouver de plus surprenantes, de plus délicates sensations gustatives. De là vinrent les Soyer, les pousse-l'amour, les cocktails, etc. ; et tous ces mélanges délicieux qui font la renommée du barman et la réputation méritée des bonnes maisons.

LES INVENTEURS

Mais à qui sommes-nous redevables de ces compositions fameuses, de ces agréables boissons qui caressent notre palais, et font la fortune de tant de bars ? Demandez à un cuisinier de citer les noms des maitres célèbres. Il n'hésitera pas, il connait ses auteurs ; parmi les disparus : Vatel, Carême, Bernard, Dubois, Gouffé, Bautte, etc.

Combien de barmen connaissent les noms des précurseurs, des créateurs des boissons qu'ils servent chaque jour ? Posez la question. Le barman ignore presque toujours quel fut le plus grand vulgarisateur, le plus grand artiste de la profession. Le nom de *Jerry Thomas* lui est souvent inconnu ! Il y a bien une certaine mixture denommée Tom and Jerry, voilà ce qu'il sait. Quant aux Soyer, aux Faibre, aux Santini, qui donc invoquera leurs mânes ?

Une telle ignorance qui serait déplorable chez un homme inintelligent est absolument révoltante chez l'homme habile gentleman-like qu'est le barman. Car il faut un certain esprit, un savoir assez étendu pour appliquer les règles fondamentales qui président à l'harmonieux assemblage des liqueurs ; pour faire, avec une précision raisonnée, ces mélanges variables d'après les pays et la clientèle ; pour ne donner toujours que des choses parfaites. Car il est faux, archifaux de dire : *in matter of taste, there is no rule*, le goût, lui-même, est au contraire assujetti à des principes rigides.

Barmen de tous pays : saluez bien bas le nom de Jerry Thomas. Gardez sa mémoire avec la respectueuse affection due à un maître vénéré. Et ainsi qu'il le recommandait instamment, n'oubliez pas de joindre un sourire engageant au verre que vous tendez à l'amateur.

DÉNOMINATIONS CLASSIQUES ET FANTAISISTES

Les recettes que j'ai très clairement décrites ici seront pour le barman (quelque expérimenté qu'il soit) un aide-mémoire parfait, un guide sûr. Quel que soit son bagage, il y trouvera, en plus de ses mixtures habituelles et particulières, les recettes les plus réputées du monde entier ; les célébrités nationales ou locales qu'il ignore ; de vieux mélanges exquis, oubliés, mais ici rénovés ; en somme le lexique complet de sa profession. L'élève barman puisera dans cet ouvrage toutes les connaissances nécessaires à son travail pour devenir rapidement un artiste.

Mais avant d'entreprendre la longue énumération détaillée des boissons dites américaines ou autres, je crois utile d'attirer tout spécialement l'attention du lecteur sur leurs dénominations.

En dehors des recettes classiques, chaque barman semble s'être ingénié à déguiser, à ramener à lui-même les conceptions de ses devanciers, à monopoliser, pour ainsi dire, la gloire du bar. Les Arthur's drinks, les Maxim's drinks, les x, y, z, own's drinks sont légions, mais parfaitement inconnues hors des maisons où pontifie le barman ainsi désigné ; cela est déplorable au point de vue purement professionnel.

Certes, dans ces sortes de boissons, il n'y a pas d'absolue limitation ; au contraire le champ est infini ;

mais c'est justement cet infini qui doit enseigner la prudence. J'accorde que rien n'est immuable, ici-bas, et que le barman peut parfaitement s'ingénier à créer quelques spécialités qui démontrent sa science ; mais de là à faire presque table rase des traditions, de là à négliger, à faire tomber dans l'oubli ou travestir les créations précédentes, fruits du savoir et des recherches des anciens maîtres, il y a un abîme d'ingratitude.

L'aspirant barman trouvera dans ce volume la collection complète des boissons telles qu'elles sont connues et exécutées partout. Il ne devra donc pas chercher à meubler sa mémoire de ces désignations, plus ou moins éphémères, auxquelles j'ai fait allusion plus haut. Ces conceptions fugitives, écloses autour du bar, sous l'effet d'une fantaisie passagère du barman ou par le caprice d'un client, sont bientôt abandonnées lors du départ du préposé ou par la lassitude de l'amateur. L'essence, la caractéristique du caprice est de n'être pas durable. Quand le barman aura attiré l'attention sur lui-même par quelques compositions dénommées avec goût, avec raison, mais aussi avec modestie — l'égotisme est le pire des défauts — qu'il s'en tienne là ; et qu'il s'attache surtout aux mélanges classiques et délicieux dont ce recueil est le répertoire.

EXÉCUTION. CONFECTION

Pendant plus de 20 ans, soit par les exigences de la profession, soit par pur dilettantisme, je me suis attaché à la confection, à l'étude des drinks de toutes sortes ; je me crois donc suffisamment autorisé pour dire que là où il n'existe pas de barman, le maître d'hôtel, le restaurateur, le cafetier, le sommelier trouveront dans cet ouvrage tous les renseignements utiles pour préparer eux-mêmes ces boissons ingénieuses, si justement renommées, et satisfaire ainsi leur clientèle.

Le particulier chez lui, la maîtresse de maison mettront à profit ces indications précises pour faire d'agréables surprises à leurs invités.

Que personne ne craigne de mal faire. Si l'on ne peut raisonnablement obtenir, dès le début, la dextérité, la rapidité d'exécution du véritable barman ; on peut du moins, en suivant rigoureusement mes prescriptions, réussir posément toutes ces mixtures presque aussi bien sinon aussi vite, que le barman le plus habile.

Quoi de plus agréable que ces délicates boissons dont les gammes savantes sont appropriées à toutes les salsons et qui dispensent leurs sensations de bienfaisante fraîcheur ou de réconfortante chaleur aussi bien sous les ombrages d'été que près du feu l'hiver.

Quel intermède intéressant d'interrompre une partie de billard ou d'autre jeu pour préparer soi-même, en devisant gaiement, ces délicieux breuvages ; quel plaisir de les offrir avec onction et de voir ses hôtes les savourer dignement. C'est bien ainsi remplir le véritable sacerdoce de l'hospitalité.

Ces mixtures si diverses offrent une variété s'adressant à chacun. Il y en a pour toutes les conditions, tous les climats ; pour tous les âges : enfance, adolescence, virilité, vieillesse.

En publiant leurs processus, en mettant à la portée de tous la confection de ces breuvages bienfaisants et toniques, mon but est d'en vulgariser l'usage, de montrer leur supériorité sur les mélanges nocifs : tord-boyaux et coulées de lave ; et, en élargissant l'éducation gustative du public, lui indiquer de nouvelles ressources pour ajouter au confort du foyer familial.

J'espère, par la diffusion de cette œuvre consciencieuse, faire connaître et apprécier aux personnes éprises de nouveautés suaves, ces boissons exquises qui procurent les douces sensations des véritables charmes du palais.

Si je puis ainsi faire paraître à certains la vie plus belle, l'humanité plus agréable, j'aurai accompli mon plus cher désir. Alors, de même que Rabelais prônait le vin de taffetas, j'appellerai vos louanges sur les boissons de velours.

Et je terminerai en vous souhaitant qu'un destin favorable permette...

« Qu'il n'y ait pas loin de la coupe aux lèvres. »

P. D.

OBSERVATIONS
SUR LA PRÉPARATION DES BOISSONS CHAUDES, FROIDES OU GLACÉES

LONG DRINKS. — Les grandes boissons sont servies dans les grands verres : tumblers ou verres à pied, dans lesquels on les a généralement préparées. Elles sont rafraichissantes, désaltérantes, reposantes.

A défaut de fruits frais, employer des fruits à l'eau-de-vie, des fruits confits ou glacés ; mais alors il sera sage de tenir compte du supplément de sucre ainsi introduit dans la composition.

SHORT DRINKS. — Les petites boissons sont servies dans le petit tumbler, dans le verre à madère ou à bordeaux. Les liqueurs glacées, les pousse-café, etc., dans leurs verres spéciaux.

Ces boissons sont apéritives ou digestives, toniques, excitantes, stomachiques.

HOT DRINKS. — Les boissons chaudes, petites ou grandes, doivent êtres servies dans des verres à pied pour éviter de brûler les doigts ; si l'on emploie le tumbler, le placer dans un porte-verre métallique de grandeur correspondante. On donnera aussi des chalumeaux ou une petite cuiller. Il est nécessaire de passer, au préalable, les verres à l'eau chaude pour éviter la casse. Dissoudre le sucre dans l'eau chaude avant d'ajouter l'alcool, sinon employer du sirop.

Ces boissons sont réchauffantes (évidemment), stimulantes, digestives et réconfortantes.

INDICATIONS GÉNÉRALES

Si l'on emploie du citron, il faut savoir que le jus de la pulpe, chair du fruit, donne surtout de l'acidité ; tandis que le zeste pressé, écorce, donne un liquide plus clair et plus parfumé. De préférence mettre la dose de citron au fond du verre, car le mélange se fait mieux qu'en la mettant en dernier. Pour presser un quartier de zeste le plier en deux, le pli dans le sens de la longueur, et presser délicatement entre les doigts. Il est d'usage de les tenir très propres. Ce n'est pas une bonne façon que de porter le deuil jusqu'aux ongles, les vêtements doivent suffire.

Pour opérer rapidement, sachez qu'un trait de stilligoutte équivaut ordinairement à 3 ou 4 gouttes, suivant la force de projection.

Toutes les boissons à base de champagne, de mousseux, d'eau de seltz ou de soda doivent être mélangées à la cuiller ; ne jamais les secouer au shaker. D'habitude on les sert dans les grands verres, tumblers ou à pied, dans lesquels on les a préparées.

Des tableaux donnent les gravures de divers ustensiles et de tous les verres employés dans le bar, par ordre numéral et contenance.

Chaque recette indique le récipient à employer pour faire le mélange et le verre pour servir la boisson dont il s'agit. Cependant le principe du verre n'est pas intangible à ce point que l'on ne puisse préparer ou boire ces délicieuses mixtures dans tout autre verre de contenance à peu près égale ; ce qui est essentiel, ce qui importe avant tout, c'est la qualité du breuvage. Le particulier, chez lui, n'a donc rien de spécial à acheter ; son service habituel, son matériel ordinaire peuvent suffire à tout.

Les bouchons stilligouttes seront parfaitement remplacés par des lièges traversés d'un tuyau de plume ; après usage, les boucher au moyen d'un fausset.

On peut employer du sirop de sucre ou de gomme, du sucre en poudre ou en morceaux ; mais dans ce dernier cas, laisser fondre.

A défaut de broyeur, quelques morceaux de glace dans un linge solide, plié en forme de poche, fortement frappé à plusieurs reprises, donnent de la glace broyée.

Si l'on n'a pas de glace : employer de l'eau très fraîche (étudier la quantité), au besoin la rafraîchir par l'évaporation au soleil d'un entourage humide, ou par l'alcarazas.

On peut encore préparer ces boissons à la maison, puis, au moyen de la bouteille thermique, les conserver à la température voulue (chaude ou froide) toute la journée : en voyage, à la chasse, en auto, etc.

Prendre garde que la glace trop fine peut fondre très rapidement ; si l'on doit rafraîchir ou frapper une boisson, il faut éviter de la diluer.

TERMES DE BAR

Diablotin : petite cuiller à épices.

Frapper : secouer le shaker pour rafraîchir et mélanger la préparation. Pour éviter les éclaboussures, envelopper d'une serviette.

Muscader : manœuvrer la râpe au-dessus du verre.

Passer dans tel ou tel verre signifie : verser dans ce verre à travers la passoire.

Réchauffer : plonger le verre dans l'eau chaude, ou passer de l'eau chaude dans un verre, avant d'y verser un liquide bouillant. Ceci afin d'éviter la casse ou le refroidissement trop rapide de la boisson.

Remuer : agiter la préparation avec une cuiller pour mélanger ou rafraichir.

Shaker : timbale double en argent pour secouer les mélanges ; la partie supérieure de certains peut faire passoire. Le shaker et les timbales en argent s'emboîtent les uns sur les autres, ou sur les verres.

Tumblers : gobelets en verre, plusieurs tailles.

REMARQUES IMPORTANTES

GRAVURES. En tête des principaux chapitres, une gravure represente la préparation prête à servir. Des dessins d'après nature ont été exécutés en modifiant les perspectives de telle façon que les détails essentiels soient bien apparents ; ce que la photographie, trop exacte, n'aurait pu faire suffisamment ressortir.

PAILLES. Si les chalumeaux sont dans une enveloppe de papier, les donner, tels quels, sans les en sortir. S'ils ne sont pas dans un fourreau protecteur, les tenir dans un tiroir, une boite ou un bocal, à l'abri de la poussière. Pour les donner, les saisir délicatement, sans les écraser, vers le milieu ; ne jamais toucher le bout que le buveur va se mettre aux lèvres. Pour les petites boissons, on peut donner des pailles courtes c'est-à-dire coupées en deux.

TRAVAUX DIVERS. Dans beaucoup de maisons de moyenne importance, le barman doit souvent cumuler plusieurs emplois. Il trouvera dans le présent traité toutes les recettes, toutes les indications pour exécuter les plus diverses commandes, et donner satisfaction même pour certaines préparations auxquelles les préposés du bar ne sont pas habitués.

DEUXIÈME PARTIE

BOISSONS ET LIQUEURS

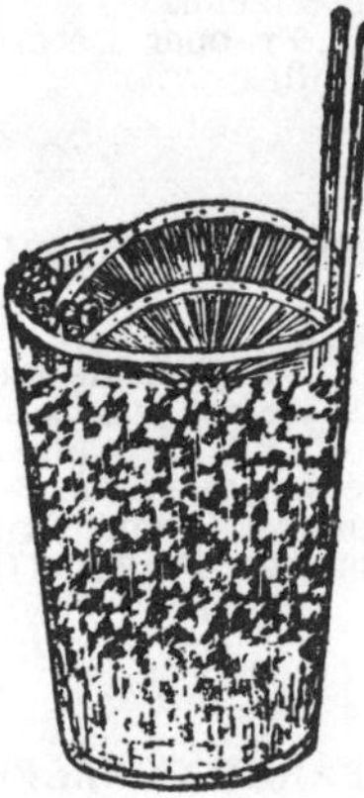

3 — 25

COBBLERS

Cette grande boisson — long drink — est préparée et servie dans un grand tumbler, de préférence dans le nº 3, de 25 centilitres.

La confection est facile. Le bon goût du barman se manifestera surtout dans la décoration au moyen de fruits de saison : fraises, cerises, etc., et de tranches d'orange ou de citron, de manière à flatter l'œil.

Les cobblers se font généralement à base de vin ; mais on en prépare aussi de très savoureux avec des spiritueux dilués.

BRANDY COBBLER

Gobelet nº 3, aux 2/3 plein de glace pilée.
1 cuiller à bouche sucre en poudre.
1/2 verre à liqueur curaçao.
2/3 verre à madère de cognac.
2/3 verre à madère d'eau.
Adapter la timbale. Frapper. Décorer fruits. Tranches orange et citron. Pailles.

CHAMPAGNE COBBLER

Gobelet nº 3, aux 2/3 plein de glace pilée.
1 cuiller à café sucre en poudre.
2 traits curaçao.
1/2 cuiller à café jus de citron.
Emplir de champagne. Remuer à la cuiller. Décorer fruits, tranches d'orange. Pailles. (Une bouteille suffit pour 8 cobblers.)

CLARET COBBLER

Gobelet nº 3, aux 2/3 plein de glace pilée.
1 cuiller à café sucre en poudre.
2 traits curaçao.
1/2 cuiller à café jus de citron.
Emplir de Bordeaux rouge.
Adapter la timbale. Frapper. Décorer de fruits et tranches de citron. Pailles.

COFFEE COBBLER

Gobelet nº 3, aux 2/3 plein de glace pilée.
1 cuiller à bouche sucre en poudre.
1/2 verre à liqueur cognac.
1/2 verre à liqueur crème de moka.
Emplir de café froid
Adapter la timbale. Frapper. Pailles.

MOSELLE COBBLER

Gobelet n° 3, aux 2/3 plein de glace pilée.
1 cuiller à bouche sucre en poudre.
2 traits curaçao.
1 verre à liqueur cognac.
Emplir de Moselle. Adapter la timbale. Frapper. Décorer fruits, tranche de citron. Pailles.

PORT-WINE COBBLER

(Madère, Marsala, Malaga, etc., même procédé.)

Gobelet n° 3, aux 2/3 plein de glace pilée.
1 cuiller à café sucre en poudre.
2 traits curaçao.
1 verre à liqueur cognac.
1 verre à madère de porto rouge.
Adapter la timbale. Frapper. Garnir de fruits, tranches d'orange. Pailles.

RHINE-WINE COBBLER

Gobelet n° 3 aux 2/3 plein de glace pilée.
1 cuiller à bouche sucre en poudre.
2 traits curaçao.
1 verre à liqueur cognac.
Emplir de vin du Rhin.
Adapter la timbale. Frapper. Décorer de fruits, tranches de citron. Pailles.

SAUTERNES COBBLER

Gobelet n° 3 aux 2/3 plein de glace pilée.
1 cuiller à café sucre en poudre.
1/2 cuiller à café jus de citron.
1/2 verre à liqueur curaçao.
Emplir de Sauternes.
Adapter la timbale. Frapper. Décorer de fruits et tranches de citron. Pailles.

SHERRY COBBLER

Gobelet n° 3 aux 2/3 plein de glace pilée.
1 cuiller à bouche sucre en poudre.
1 verre à liqueur curaçao.
1 verre à liqueur cognac.
1 verre à madère de sherry (Xérès).
Adapter la timbale. Frapper. Décorer de fruits et tranches de citron. Ajouter dessus sans mélanger demi-verre à liqueur Cherry Brandy. Pailles.

WHISKY COBBLER

Gobelet n° 3 aux 2/3 plein de glace pilée.
1 cuiller à café sucre en poudre.
1 cuiller à café jus d'orange.
1 verre à liqueur curaçao.
1 verre à madère whisky.
1 verre à madère d'eau.
Adapter la timbale. Frapper. Décorer de fruits et tranches d'orange. Pailles.

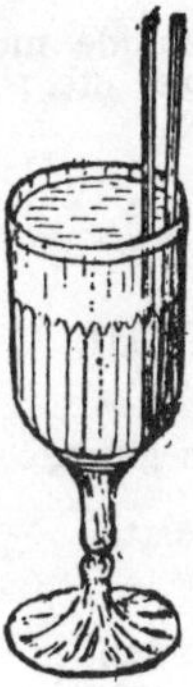

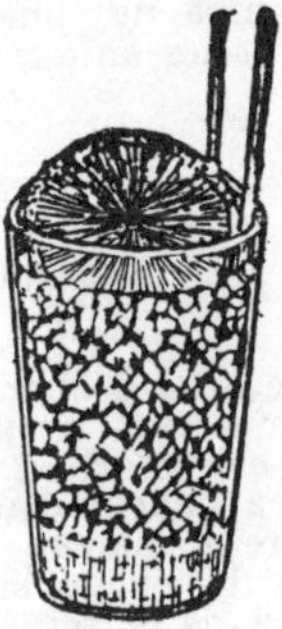

8 — 7 4 — 12 3 — 25

COCKTAILS

Les quantités et proportions indiquées dans les recettes suivantes sont pour **une** personne. Donc, pour plusieurs, il faudra multiplier les différentes doses par le nombre de verres à servir.

PRÉPARATION

Elle se fait suivant le cas dans la timbale, dans un tumbler (gobelet) ou dans le verre final.

Chaque recette indique le récipient pour le mélange et dans quel verre il faut servir. Si l'on a 3 ou 4 cocktails, ou plus, à servir en même temps, il faudra prendre un gobelet plus grand pour la préparation.

On ne peut donner en exemple toutes les formules servant à désigner les cocktails ; quand on sait préparer un brandy cocktail, on sait faire le chartreuse-cocktail, le bénédictine-cocktail, le x, y, z cocktail.

Dans les pays où l'absinthe est supprimée, on la remplacera par les liqueurs similaires : anis, gentiane, etc.

Enfin, ne pas oublier qu'il ne faut pas traiter au

shaker les boissons à base de liquide mousseux tels que : champagne, limonade, cidre, etc. ; il faut les préparer et les agiter à la cuiller.

ABSINTHE COCKTAIL

Timbale au 1/4 pleine de petite glace.
1 cuiller à café sirop de sucre.
1 trait angostura, 2 traits anisette.
1 verre à liqueur d'absinthe.
1/2 verre à madère d'eau.
Adapter la partie supérieure. Frapper.
Passer dans le verre n° 8 dans lequel on a mis un zeste de citron pressé. Courtes pailles.

AFTER-MEAL COCKTAIL

Gobelet n° 3. Quelques morceaux de glace.
2 traits angostura, 2 traits curaçao.
1 cuiller à café marasquin.
1 cuiller à café vieux kirsch.
1/2 verre à madère jus d'ananas.
Remuer à la cuiller. Passer dans verre n° 8.
Zeste de citron pressé. Courtes pailles.
Ce cocktail est d'un grand pouvoir digestif.
Pour obtenir le jus d'ananas, couper une tranche d'un demi-centimètre d'épaisseur. Peler. Couper en morceaux et passer à la presse à fruits.

AFTERNOON COCKTAIL

Gobelet n° 3 moitié plein de glace pilée.
1 verre à liqueur Maraschino.
1 verre à liqueur Fernet-Branca.
1 verre à liqueur Cognac.
1/2 bouteille soda ou eau de Seltz.
Remuer à la cuiller. Servir tel quel, avec longues pailles et 2/2 tranches d'orange piquées.

ALEXANDRA COCKTAIL

Gobelet n° 3. Quelques morceaux de glace.
1 cuiller de crème fraîche.
1/3 verre à madère Crème de cacao.
2/3 verre à madère de Cognac.
Adapter la timbale. Frapper.
Passer dans verre n° 8. Courtes pailles.

AMOUR COCKTAIL

Gobelet n° 3 au 1/4 plein de petite glace.
2 traits peach bitter.
1/2 verre à liqueur marasquin.
3/4 verre à madère Marsala.
Adapter la timbale. Frapper.
Passer dans le verre n° 8. Pailles. Servir avec zeste de citron et une cerise.

ARACK COCKTAIL

Timbale au 1/4 pleine de petite glace.
3 traits sirop de gomme.
2 traits angostura, 2 traits curaçao.
3/4 verre à madère d'Arack (eau-de-vie de riz).
Remuer. Passer dans verre n° 8. Ajouter zeste de citron pressé. Petites pailles.

BARMAN'S SMILE

Mettre dans le shaker aussi vite que possible quelques traits ou gouttes de toutes les liqueurs et spiritueux. Faire en sorte qu'il y ait la quantité nécessaire pour le nombre de personnes avant de perdre patience.

Ajouter de la glace pilée. Former le shaker et frapper. Passer dans le verre n° 8 à bord givré. Courtes pailles.

Et tendre le verre avec le sourire.

Pour givrer un verre, humecter le bord au citron et le passer dans du sucre en poudre.

BRANDY COCKTAIL

Gobelet nº 3 au 1/4 plein de petite glace.
1 cuiller à café sirop de sucre.
2 traits angostura, 2 traits curaçao.
3/4 verre à madère de cognac.
Remuer et passer dans verre nº 8.
Ajouter zeste de citron pressé. Courtes pailles.

BRONX COCKTAIL

Gobelet nº 3 au 1/4 plein de petite glace.
1/3 verre à madère gin
1/3 verre à madère vermouth français.
1/3 verre à madère vermouth italien.
Jus d'un quart d'orange.
Remuer et passer dans verre nº 8.
Zeste d'orange. Courtes pailles.

BRONX DRY COCKTAIL

Gobelet nº 3 au 1/4 plein de petite glace.
1/2 verre à madère de gin.
1/2 verre à madère de vermouth français.
1 cuiller à café jus de citron.
Remuer et passer dans verre nº 8.
Zeste de citron. Courtes pailles.

BRUT COCKTAIL

Gobelet nº 3 au 1/4 plein de petite glace.
1 trait d'angostura.
1/3 verre à madère d'Amer Picon.
2/3 verre à madère vermouth français sec.
Remuer, passer dans verre nº 8. Courtes pailles.

CALVADOS COCKTAIL

Gobelet nº 3 au 1/4 plein de petite glace.
2 traits sirop de gomme.
2 traits angostura, 2 traits curaçao.
3/4 verre à madère de calvados.
Remuer et passer dans verre nº 8.
Ajouter zeste de citron pressé. Courtes pailles.
(Le calvados est l'eau-de-vie de cidre.)

CANADIAN COCKTAIL

Gobelet nº 3 au 1/4 plein de petite glace.
2 traits angostura, 2 traits curaçao.
1 cuiller à café sirop de sucre.
3/4 verre à madère Canadian Club Whisky.
Remuer et passer dans verre nº 8.
Ajouter zeste de citron pressé. Courtes pailles.

CHAMPAGNE COCKTAIL

Gobelet nº 4 au tiers plein de petite glace.
1 cuiller à café sirop de sucre.
3 traits angostura, 2 traits curaçao.
Emplir de champagne. Mélanger à la cuiller.
Ajouter zeste de citron pressé. Longues pailles.
Servir tel quel.

CHINESE COCKTAIL

Timbale au 1/4 pleine de petite glace.
2 traits angostura, 2 traits curaçao.
3 traits sirop de gomme.
3/4 verre à madère d'Arack.
Fermer le shaker. Frapper.
Passer dans le verre nº 8 avec zeste de citron pressé et tranche de chinois. Courtes pailles.
(Le chinois est une petite orange verte confite dans l'eau-de-vie.)

DERBY COCKTAIL

Gobelet nº 3 au 1/4 plein de glace pilée.
2 traits angostura, 2 traits curaçao.
3 traits marasquin.
3/4 verre à madère fine champagne.
Adapter la timbale. Frapper.
Passer dans verre nº 7 ou 4.
Ajouter 2 fraises rouges, zeste de citron.
Emplir de champagne. Pailles.

DEVIL COCKTAIL

Timbale au 1/4 pleine de glace pilée.
1 verre à liqueur menthe verte.
1 verre à liqueur old brandy.
2 traits angostura, 2 traits curaçao.
1 diablotin de Cayenne.
Fermer le shaker. Frapper.
Passer dans verre n° 8. Zeste citron. Pailles.

DREADNOUGHT COCKTAIL

Timbale au 1/4 pleine de glace pilée.
2 traits orange bitter, 2 traits marasquin.
1/2 cuiller à café sucre en poudre.
1/2 verre à liqueur Cognac.
1/2 verre à liqueur Kummel.
1/2 verre à liqueur Whisky.
Fermer le shaker. Frapper fort. Passer dans le verre n° 8.
Zeste de citron pressé. Courtes pailles.

EAST-INDIA OU INDIA COCKTAIL

Gobelet n° 3 au 1/4 plein de petite glace.
1 cuiller à café de grenadine.
2 traits curaçao, 2 traits angostura.
3/4 verre à madère Brandy.
Remuer à la cuiller et passer dans verre n° 8 dans lequel se trouve un zeste de citron pressé.
Courtes pailles.

FANCY COCKTAIL
(Fancy Brandy, Fancy Gin, Fancy etc.)

Les Fancy cocktails se préparent absolument comme les autres. La seule différence consiste à humecter au citron le bord du verre et à le tremper dans du sucre en poudre pour le givrer, et à mettre une cerise ou une olive au fond du verre. Servir avec courtes pailles.

Le mot **fancy** ouvrant la porte à toute fantaisie dont il est la traduction en anglais, il est inutile de décrire sous ce titre des recettes qui ne seraient que des répétitions oiseuses.

FIL DE FER COCKTAIL

Gobelet nº 3 au 1/4 plein de petite glace.
1 cuiller à café jus de citron.
2 traits angostura.
1 cuiller à café grenadine.
3/4 verre à madère de whisky.
Remuer et passer dans verre nº 8.
Ce cocktail doit être plutôt raide.

GIN COCKTAIL

Gobelet nº 3 au 1/4 plein de petite glace.
2 traits angostura, 2 traits curaçao.
2 cuillers à café sirop de sucre.
3/4 verre à madère gin ou genièvre.
Remuer. Passer dans verre nº 8 dans lequel se trouve un zeste de citron pressé. Pailles.

GRENADIERS' COCKTAIL

Gobelet nº 3 au 1/4 plein de petite glace.
1 cuiller à café jus de citron.
2 traits d'angostura.
1 cuiller à café grenadine.
3/4 verre à madère de rhum.
Remuer. Passer dans verre nº 8.
Deux olives ovales au fond du verre. Pailles.

HEALTHY COCKTAIL

Gobelet nº 3 au 1/4 plein de petite glace.
2 traits angostura, 2 traits curaçao.
1 cuiller à café sirop de sucre.
3/4 verre à madère quinquina.
Remuer. Passer dans verre nº 8 dans lequel on a mis un zeste de citron pressé. Pailles.

HOT-TIME COCKTAIL

Gobelet nº 3 moitié plein de petite glace.
2 traits angostura, 2 traits marasquin.
1 verre à liqueur cassis.
1 verre à liqueur cognac.
Emplir aux 3/4 d'eau de seltz.
Remuer. Servir. Grandes pailles.

HUNTERS' COCKTAIL

Gobelet nº 3 au 1/4 plein de petite glace.
2 traits angostura.
1 cuiller à café sirop de sucre.
1 cuiller à café essence de café.
3/4 verre à liqueur rhum.
3/4 verre à liqueur cognac.
Remuer. Passer dans verre nº 8.
Ajouter zeste de citron pressé et quelques quartiers de noix bien épluchés.

IMPROVED COCKTAIL
(Improved Brandy, Improved Whisky, etc.)

Même remarque que pour les Fancy.
Servir dans un verre givré avec cerise ou olive.
To improve veut dire perfectionner. Ici l'amélioration consiste à ajouter à la préparation ordinaire quelques traits d'une ou deux liqueurs suivant la fantaisie du barman.

JAPANESE COCKTAIL

Gobelet nº 3 au 1/4 plein de petite glace.
2 traits angostura.
1 verre à liqueur d'orgeat.
3/4 verre à madère de cognac.
Remuer. Passer dans verre nº 8 dans lequel se trouve un zeste de citron pressé. Pailles.

JERSEY COCKTAIL

Gobelet nº 3 quelques morceaux de glace.
1 cuiller à café angostura.
1 cuiller à café sucre en poudre.
1 verre à madère de cidre.
Remuer. Passer dans verre nº 8 dans lequel se trouve un zeste de citron pressé. Pailles.

KUMMEL COCKTAIL

Timbale au 1/4 pleine de petite glace.
2 traits curaçao, 2 traits angostura.
1 cuiller à café sirop de sucre.
3/4 verre à madère de kummel.
Adapter l'autre timbale. Frapper fort.
Passer dans le verre n° 8 au fond duquel il y a quelques gouttes de citron. Pailles.

LADIES' COCKTAIL

Gobelet n° 3 au 1/4 plein de petite glace.
2 traits curaçao, 2 traits angostura.
4 traits d'anisette.
1 cuiller à café grenadine.
1/2 verre à madère de gin.
Remuer et passer dans verre n° 8 dans lequel il y a une cerise, 1 zeste citron pressé. Pailles.

LATIN ou PAN-LATIN COCKTAIL

Gobelet n° 3 au 1/4 plein de petite glace.
2 traits d'angostura.
1/2 cuiller à café jus d'orange.
1/2 verre à liqueur maraschino.
1/2 verre à liqueur Xérès.
1 verre à liqueur cognac.
Remuer. Passer dans verre n° 8 à bord givré. Ajouter zeste de citron. Courtes pailles.

LONDON COCKTAIL

Gobelet n° 3 au 1/4 plein de petite glace.
2 traits curaçao, 2 traits orange bitter.
1 cuiller à café anisette.
3/4 verre à madère gin
Remuer. Passer dans verre n° 8. Pailles.

MAC-DONALD'S COCKTAIL

Gobelet n° 3 au 1/4 plein de petite glace.
2 traits d'angostura.
1 cuiller à café curaçao rouge.
1/2 verre à madère de whisky.
1/2 verre à madère vermouth Turin.
Remuer. Passer dans verre n° 8. Courtes pailles.

MADERE COCKTAIL

Gobelet nº 3 au 1/4 plein de petite glace.
2 traits angostura, 2 traits curaçao.
2 traits sirop de gomme.
3/4 verre à madère de madère.
Remuer. Passer dans verre nº 8. Ajouter zeste de citron pressé.

MANCHESTER COCKTAIL

Gobelet nº 3 au 1/4 plein de petite glace.
2 traits curaçao, 2 traits angostura.
3 traits sirop de gomme.
1 verre à liqueur rhum.
1/2 verre à madère de vin blanc.
Remuer. Passer dans verre nº 8.

MANHATTAN COCKTAIL

Gobelet nº 3 au 1/4 plein de petite glace.
3 traits angostura.
1 cuiller à café sirop de sucre.
1 verre à liqueur Rye whisky.
1/2 verre à madère vermouth Noilly.
Remuer. Passer dans verre nº 8 où se trouve un zeste de citron pressé. Courtes pailles.

MARTINI ou MARTINEZ COCKTAIL

Gobelet nº 3 au 1/4 plein de petite glace.
2 traits angostura.
1 cuiller à café sirop de sucre.
1 verre à liqueur de gin.
1/2 verre à madère vermouth Turin.
Remuer. Passer dans verre nº 8 avec zeste de citron pressé et courtes pailles.

MARTINI DRY COCKTAIL

Comme le précédent en employant du vermouth sec et moitié moins de sucre.

METROPOLITAN COCKTAIL

Gobelet nº 3 au 1/4 plein de petite glace.
2 traits orange bitter.
1 cuiller à bouche sirop de sucre.
1 verre à liqueur cognac.
1/2 verre à madère vermouth Noilly.
Remuer. Passer dans verre nº 8 contenant un zeste de citron pressé. Courtes pailles.

MORNING COCKTAIL

Timbale au quart pleine de petite glace.
2 traits angostura, 2 traits curaçao.
2 traits absinthe ou anis.
1 cuiller à bouche grenadine.
1 verre à liqueur cognac.
Adapter l'autre timbale Frapper fort.
Passer dans verre nº 3. Ajouter zeste de citron pressé
Emplir eau de seltz ou soda. Pailles.

MOUNTAINEERS COCKTAIL

Gobelet nº 3 au 1/4 plein de petite glace.
2 traits angostura, 2 traits curaçao.
1 cuiller à bouche sirop de sucre.
1 verre à liqueur cognac.
1/2 verre à madère extrait de café.
Remuer. Passer dans verre nº 8.
Le cocktail des montagnards doit être bien sucré, il donne du jarret. Usité en Ecosse et en Suisse.

OHIO COCKTAIL

Gobelet nº 3 au 1/4 plein de petite glace.
2 traits angostura, 2 traits peach bitter.
1 cuiller à café sirop de sucre.
1 verre à liqueur whisky.
1/2 verre à madère vermouth Noilly.
Remuer. Passer dans verre nº 8.

OLD MAN COCKTAIL

Gobelet nº 3 au 1/4 plein de petite glace.
2 traits angostura, 2 traits curaçao.
1 cuiller à café sirop de sucre.
1/2 verre à madère Rye whisky.
1/2 verre à madère vermouth Turin.
Remuer. Passer dans verre nº 8.

OLD TOM COCKTAIL

Gobelet nº 3 au 1/4 plein de petite glace.
2 traits angostura, 2 traits curaçao.
1 cuiller à bouche sirop de sucre.
3/4 verre à madère old tom gin.
Remuer. Passer dans verre nº 8 contenant un zeste de citron pressé. Pailles.

OMNIUM COCKTAIL

Gobelet nº 3 au 1/4 plein de glace pilée.
2 traits angostura, 2 traits marasquin.
1 cuiller à bouche sirop de sucre.
3/4 verre à madère de vermouth.
Remuer. Passer dans verre nº 8 contenant un zeste de citron pressé. Pailles.

OYSTER COCKTAIL

Dans le verre nº 8.
2 traits angostura, 1 diablotin céleri-salt.
1/2 cuiller à café vinaigre à l'estragon.
1 cuiller à café Worcestershire sauce.
1/2 verre à liqueur cognac.
3 huîtres fraîches, ébarbées (Marennes, Natives).
Remuer. Servir tel quel avec cuiller.

PORT-WINE COCKTAIL

Gobelet nº 3 au 1/4 plein de petite glace.
2 traits angostura, 2 traits curaçao.
1 cuiller à café sirop de sucre.
3/4 verre à madère porto.
Remuer. Passer dans verre nº 8 contenant un zeste de citron pressé.

ROSE COCKTAIL

Gobelet n° 3 au 1/4 plein de petite glace.
2/3 verre à madère vermouth français.
1/6 verre à madère kirsch.
1/6 verre à madère sirop de groseille.
Remuer. Passer dans verre n° 8, avec une cerise et courtes pailles.

On peut remplacer le kirsch et la groseille par 1/3 verre à madère de Cherry-brandy.

ROSE DRY COCKTAIL

Gobelet n° 3 au 1/4 plein de petite glace.
2/3 verre à madère de gin.
1/6 verre à madère de jus de citron.
1/6 verre à madère grenadine.
Remuer. Passer dans verre n° 8. Courtes pailles.

SAINT-JAMES COCKTAIL

Timbale au quart pleine de petite glace.
2 traits angostura, 2 traits curaçao.
1 cuiller à bouche sirop de sucre.
3/4 verre à madère de rhum Saint-James.
Adapter l'autre timbale. Frapper fort.
Passer dans verre n° 8 contenant un zeste de citron pressé. Courtes pailles.

SARATOGA COCKTAIL

Gobelet n° 3 au 1/4 plein de glace pilée.
2 traits angostura, 2 traits curaçao.
1/2 verre à liqueur whisky.
1/2 verre à liqueur cognac.
1/2 verre à madère vermouth.
Remuer. Passer dans verre n° 8 contenant un zeste de citron pressé. Courtes pailles.

SHERRY COCKTAIL

Gobelet nº 3 au 1/4 plein de petite glace.
2 traits angostura, 2 traits curaçao.
1/2 cuiller à café sucre en poudre.
3/4 verre à madère de Xérès.
Remuer. Passer dans verre nº 8 contenant un zeste de citron pressé. Courtes pailles.

SIDE CAR COCKTAIL

Gobelet nº 3 au 1/4 plein de petite glace.
1/3 verre à madère triple sec Cointreau.
1/3 verre à madère brandy.
1/3 verre à madère jus de citron.
Remuer. Passer dans verre nº 8. Courtes pailles.

SODA COCKTAIL

Gobelet nº 3, quelques gros morceaux de glace.
4 traits angostura, 4 traits curaçao.
1 cuiller à café sucre en poudre.
1/2 bouteille de soda.
Remuer à la cuiller. Servir tel quel avec tranches orange ou citron. Pailles.

SWISS COCKTAIL

Gobelet nº 3 au 1/4 plein de petite glace.
2 traits angostura, 2 traits marasquin.
1 cuiller à café sirop de sucre.
1/2 verre à liqueur absinthe.
1/2 verre à liqueur gentiane.
1/2 verre à madère d'eau. Remuer.
Passer dans verre nº 8 à bord givré. Pailles.

VERMOUTH COCKTAIL

Gobelet nº 3 au 1/4 plein de petite glace.
2 traits angostura, 2 traits curaçao.
1 cuiller à café sirop de sucre.
3/4 verre à madère vermouth Noilly.
Remuer. Passer dans verre nº 8 contenant un zeste de citron pressé. Courtes pailles.

WHISKY COCKTAIL

Gobelet n° 3 au 1/4 plein de petite glace.
2 traits angostura, 2 traits curaçao.
1 cuiller à bouche sirop de sucre.
3/4 verre à madère du whisky demandé.
Remuer. Passer dans verre n° 8 contenant un zeste de citron pressé. Courtes pailles.

WHITE LADY COCKTAIL

Gobelet n° 3 au 1/4 plein de petite glace.
2/3 verre à madère triple sec Cointreau.
1/6 verre à madère crème de menthe blanche.
1/6 verre à madère cognac.
Remuer. Passer dans verre n° 8. Courtes pailles.

YOUNGMAN COCKTAIL

Gobelet n° 3 au 1/4 plein de petite glace.
2 traits angostura, 2 traits curaçao.
1 verre à liqueur brandy.
1/2 verre à madère vermouth.
Remuer. Passer dans verre n° 8 contenant un zeste de citron pressé. Courtes pailles.

ZIZI COCKTAIL

Gobelet n° 3 au 1/4 plein de glace pilée.
2 traits angostura, 1 diablotin cayenne.
1 verre à liqueur menthe verte.
1 verre à liqueur fine champagne.
Frapper. Passer dans verre n° 4. Emplir de champagne frappé. Pailles.

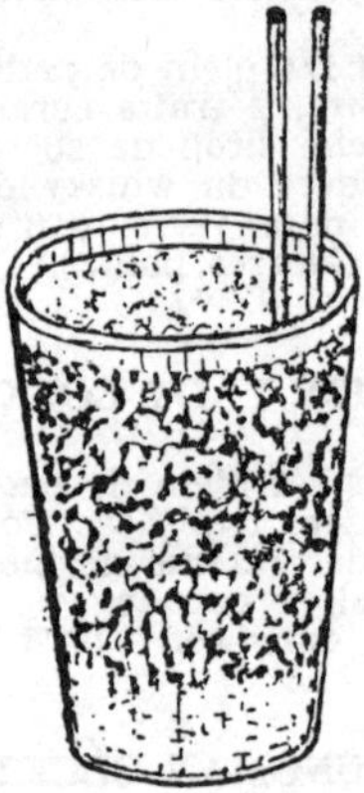

2 — 33

COOLERS

Ainsi que leur nom l'indique, ces grandes boissons — long drinks — sont très rafraîchissantes. On les sert dans le tumbler même dans lequel on les prépare, décorées de fruits, ou non, suivant les possibilités.

BRUNSWICK COOLER

Gobelet nº 2, moité plein de glace pilée.
1 cuiller à bouche sucre en poudre.
Le jus d'un citron.
Emplir de ginger ale frappée.
Remuer à la cuiller. Décorer de fruits de saison et tranches de citron. Pailles

CIDER COOLER

Gobelet nº 2, quelques morceaux de glace.
1 cuiller à bouche jus de citron.
1 cuiller à bouche sucre en poudre.
Remplir de cidre lentement. Muscader. Remuer doucement. Pailles.

GINGER ALE COOLER

Gobelet nº 2.
1 cuiller à bouche sucre en poudre.
Le jus d'un citron.
1 bouteille ginger ale frappée.
Remuer. Pailles.

INDIAN COOLER

Gobelet nº 2, quelques morceaux de glace.
1 verre à liqueur d'arack.
1 verre à liqueur sirop d'ananas.
Emplir d'eau fraîche. Remuer. Décorer tranches ananas et citron. Pailles.

RANSOM COOLER

Gobelet nº 2, moitié plein de glace pilée.
1 cuiller à bouche grenadine.
1 verre à liqueur curaçao.
1 verre à liqueur kirsch.
1 verre à liqueur noyau.
3 traits d'angostura. Emplir d'eau de seltz. Remuer. Tranches de citron. Pailles.

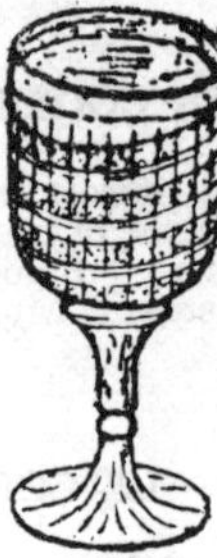

7 — 11

CRUSTAS

Petite boisson — short drink — proche parente du cocktail, à servir dans un verre à Bordeaux décoré comme suit :

Peler un citron, ou moitié d'un gros citron, en lanière spirale, d'une seule pièce, que vous placerez dans le verre nº 7 de façon à garnir l'intérieur de ce verre jusqu'à un centimètre au-dessous du bord. Humecter ce bord au citron et le givrer dans du sucre en poudre.

Veiller à ce que l'écorce du citron ne dépasse pas le bord du verre qui deviendrait un verre baveur quand on boirait.

Mettre une ou deux cerises dans le fond du verre, sur le zeste de citron et verser dessus l'une des compositions suivantes :

BRANDY CRUSTA

Dans la timbale moitié pleine de glace pilée.
1 cuiller à bouche sucre en poudre ou sirop.
1 cuiller à bouche jus de citron.
2 traits angostura, 2 traits curaçao.
3/4 verre à madère de cognac.
Fermer le shaker. Frapper. Passer dans le verre nº 7 préparé comme indiqué plus haut.

GIN CRUSTA

Timbale moitié pleine de glace pilée.
1 cuiller à bouche sucre en poudre ou sirop.
1 cuiller à bouche jus de citron.
2 traits angostura, 2 traits curaçao.
3/4 verre à madère de gin.
Doubler le shaker. Frapper. Passer dans le verre nº 7 préparé comme indiqué plus haut.

RHUM CRUSTA

Timbale moitié pleine de glace pilée.
1 cuiller à bouche sucre en poudre ou sirop.
1 cuiller à bouche jus de citron.
2 traits angostura, 2 traits curaçao.
3/4 verre à madère de rhum.
Doubler le shaker. Frapper. Passer dans le verre nº 7 préparé comme indiqué plus haut.

WHISKY CRUSTA

Timbale moitié pleine de glace pilée.
1 cuiller à bouche sucre en poudre ou sirop.
1 cuiller à bouche jus de citron.
2 traits angostura, 2 traits curaçao.
3/4 verre à madère wkisky.
Doubler le shaker. Frapper. Passer dans le verre nº 7 préparé comme indiqué plus haut.

WODKA CRUSTA

Timbale moitié pleine de glace pilée.
1 cuiller à bouche sucre en poudre ou sirop.
1 cuiller à bouche jus de citron.
2 traits angostura, 2 traits curaçao.
3/4 verre à madère eau-de-vie russe.
Doubler le shaker. Frapper. Passer dans le verre nº 7 préparé comme indiqué plus haut.

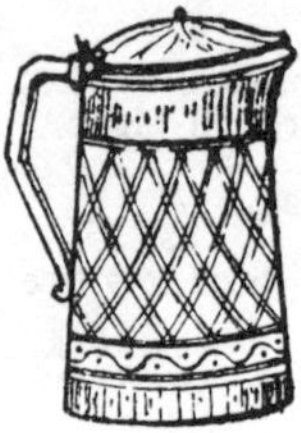

Jug

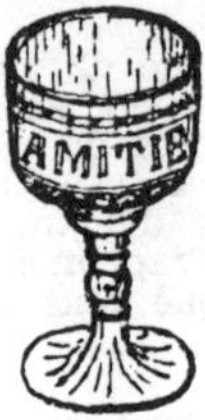

Cup

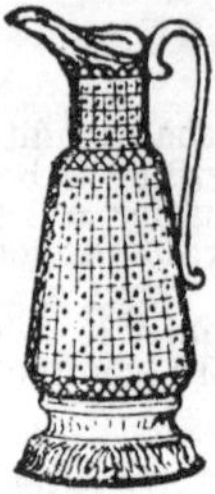

Jug

CUPS

Cette boisson rafraîchissante, agréable et désaltérante, peut tout aussi bien être servie aux repas, comme vin, qu'en matinée ou en soirée, à certaines réunions, en place de punch.

Pour la table on la préparera dans un jug, carafe spéciale, pour la verser comme un vin ordinaire.

Pour le buffet, la préparer dans une coupe et la servir à la louche dans un verre à vin ou dans des coupes, en tous cas toujours dans des verres à pied. On peut aussi tenir sur le buffet plusieurs carafes de cup ; n'ayant plus qu'à verser, le service est plus rapide qu'avec la louche.

BADMINGTON CUP

Dans une carafe (jug) à cup :

Demi-concombre moyen, pelé, coupé en tranches, la pelure en lanières.

120 grammes de sucre.

1 bouteille de bordeaux rouge.

1 pincée de muscade. Laisser dissoudre.

Refroidir sur glace 1 heure.

Pour servir : ajouter une bouteille de soda ou de l'eau de seltz.

Servir dans des verres à eau ou mettre la carafe sur table.

BALAKLAVA NECTAR

Mettre dans une grande coupe :
La pelure très mince d'un citron, le zeste détaillé en petits morceaux, le jus du citron.
2 cuillers à bouche sucre en poudre.
1 verre à madère marasquin.
1/2 concombre escalopé, très mince.
2 bouteilles vin rouge.
2 — soda-water.
Quelques morceaux de glace.
Ajouter une bouteille de champagne.
Bien mélanger à la cuiller.
Décorer de fruits. Servir à la louche dans des verres ou coupes.

BOLÉ IS FRUKTOF (Coupe Russe)

1° Dans une casserole :
1 bouteille bordeaux rouge.
1 bouteille champagne.
80 grammes de sucre.
1 verre à madère de madère.
1 pincée de cannelle en poudre.
Donner un tour de bouillon. Refroidir sur glace.
Puis verser dans une timbale contenant des fruits variés, escalopés. Quelques morceaux de glace.
Servir à la louche.

2° Préparer cette cup d'une autre façon, en ajoutant le champagne à la fin, après refroidissement, sans l'avoir fait bouillir.
La boisson légèrement pétillante est plus agréable.

CHABLIS CUP

Dans la carafe à cup :
Quelques morceaux de glace.
1 verre à madère sirop de framboises.
1 verre à liqueur curaçao.
1 verre à liqueur cognac.
Fruits de saison. Branche de mélisse.
Lanière de pelure de concombre.
Une bouteille de Chablis par-dessus.
Envoyer à la table ou buffet.

CHAMPAGNE CUP

1° Au verre par personne.
Dans le verre n° 6 ou dans une coupe :
Remplir à moitié de glace pilée.
1 cuiller à café sucre en poudre.
3 traits cognac, 3 traits curaçao.
Si possible, adapter le gobelet et frapper.
Ajouter fruits de saison, brin de mélisse, ou pelure de concombre.
Emplir de champagne. Remuer à la cuiller.
Servir avec pailles.

2° Pour six personnes.
Dans un grand bol ou saladier ou dans une carafe :
1 cuiller à bouche sucre en poudre.
1 verre à liqueur eau-de-vie.
1 verre à liqueur curaçao.
1 orange et 1/2 citron en tranches.
Ananas, fraises, cerises, raisin, etc.
Mélisse ou bourrache, pelure de concombre.
1/2 siphon ou 1 soda.
Macérer 1 heure en rafraîchissant sur glace.
Puis ajouter 1 bouteille champagne frappé.
Remuer. Servir à la cuiller en coupes.
Pour 12 personnes, pour 18, pour 24 on doublera, triplera ou quadruplera les doses, etc.

CIDER CUP

Verre n° 5, moitié plein de glace pilée.
1 cuiller à café sucre en poudre.
3 traits curaçao, 3 traits cognac.
Adapter le gobelet. Frapper fort.
Décorer fruits de saison. Pelure de concombre.
Emplir de cidre. Remuer à la cuiller.
Servir avec pailles.

CLARET CUP

1° Par personne.
Verre n° 5, ou coupe.
Remplir à moitié de glace pilée.
1 cuiller à café sucre en poudre.
3 traits curaçao, 3 traits marasquin.
Fruits de saison, tranche d'orange, pelure de concombre.

Emplir de vin rouge.
Remuer. Servir avec pailles.
2° Pour 6 personnes.
Dans un bol, un saladier ou une carafe :
1 cuiller à bouche sucre en poudre.
1 orange et 1/2 citron en tranches.
Cerises, fraises, raisins, ananas en dés.
1 verre à liqueur marasquin.
1 verre à liqueur curaçao.
1 bouteille vin rouge.
Macérer en refroidissant sur glace 1 heure.
Pour servir, ajouter 1 soda ou 1/2 siphon, quelques morceaux de glace. Remuer.
Servir à la louche ou envoyer la carafe.

CRIMEAN CUP

Dans un bol : Pour 6 personnes.
1 verre à madère d'orgeat.
1 verre à madère maraschino.
1/2 verre à madère cognac.
1/2 verre à madère curaçao.
1 orange et 1/2 citron en tranches.
Fruits de saison. Ananas en dés.
1 soda. Rafraichir sur glace.
Pour servir, ajouter 1 bouteille de champagne.
1 bloc de glace dans le milieu.
Remuer à la cuiller. Servir verres ou coupes.

GINGER ALE CUP

Dans la carafe à cup :
1 cuiller à bouche sucre en poudre.
1 verre à liqueur cognac.
1 verre à liqueur curaçao.
1 verre à liqueur maraschino.
1 orange et 1/2 citron en tranches.
Fruits de saison. Ananas en dés.
Pelure de concombre ou branche de mélisse.
Macérer 1 heure en refroidissant sur glace.
Pour servir, ajouter 2 bouteilles ginger ale.
Quelques morceaux de glace. Remuer.
Envoyer la carafe ou verser.

GOLDEN CUP

Dans une jug à cup :
Quelques morceaux de glace.
1 citron en tranches et jus demi-citron.
1 verre à liqueur chartreuse jaune.
1 verre à madère miel fin.
1 verre à madère Xérès.
1 verre à liqueur de Dantzig (agité).
Emplir moitié champagne, moitié seltz.
Remuer à la cuiller. Servir.

KALTSCHALE ABRICOTS

Dans un bol pour 8 personnes :
200 grammes abricots bien mûrs tamisés.
100 grammes de sucre en poudre.
1 verre à madère de kirsch.
Jus d'un citron et de deux oranges.
2 ou 3 abricots fermes, pelés, en dés.
Laisser macérer 1 heure ou 2, sur glace.
Pour servir ajouter : 1 bouteille vin du Rhin et 1 bouteille champagne frappés.
Un gros morceau de glace. Remuer cuiller.
Servir à la louche en verres ou coupes.

KALTSCHALE ANANAS

Dans un bol pour 8 personnes :
Le 1/4 d'un ananas bien mûr, le peler et fendre en quatre. Enlever le cœur. Emincer la chair.
Couvrir de sucre en poudre.
Jus d'un citron et de deux oranges.
1 verre à madère de kirsch.
Laisser macérer 1 heure ou 2 sur glace.
Pour servir ajouter : 1 bouteille vin du Rhin et 1 bouteille champagne frappés
Un gros morceau de glace. Remuer doucement.
Servir à la louche en verres ou coupes.

KALTSCHALE IS FROUKTÉ

Le Kaltschale de fruits se prépare à la Russe, comme suit. Dans un grand bol :

Gros fruits de saison, pelés et émincés.

Quelques tranches fines pastèque ou melon.

Quelques fraises, framboises. 150 grammes de sucre fin.

Laisser macérer 1 heure sur glace.

D'autre part dans 1 casserole, sur le feu :

1 bouteille bordeaux rouge.

2 bouteilles champagne.

1 pincée poudre de cannelle.

Donner un simple tour de bouillon, puis mettre à refroidir sur glace.

Quand froid, verser dans le bol sur les fruits.

Remuer. Servir en coupes.

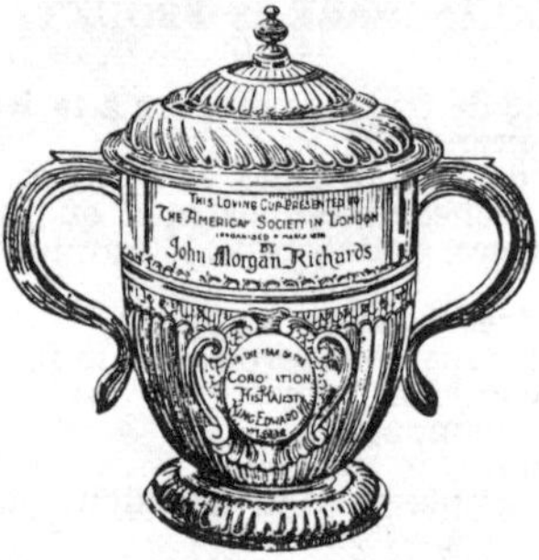

COPIED FROM
THE CELEBRATED LYNEDON CUP, 1708
MADE BY MESSRS WALTER BULL AND SON
BISHOPSGATE STREET WITHIN, LONDON

LOVING CUP

Dans un banquet, au moment des toasts, le maître d'hôtel ou le Wine-buttler apporte à l'hôte principal (président) la **loving cup** ou coupe d'amour. Celui-ci se lève, prend la coupe à deux mains ou par le pied, la penche légèrement, mouille ses lèvres ou fait le simulacre, puis la passe à son voisin en s'inclinant. — La coupe fait ainsi le tour de la table, chaque convive se levant à son tour pour la recevoir.

Une serviette, non dépliée, suit la coupe pour essuyer la place des lèvres à chaque fois, le maître d'hôtel tendant la serviette à la personne qui vient de boire pour qu'elle essuie le bord.

Préparation de la coupe d'amour :

Dans un bol ou grand saladier.

Deux morceaux de sucre frottés sur la peau de deux citrons.

Les deux citrons coupés en tranches.

100 grammes de sucre, 1/2 litre d'eau.

1/4 litre madère, 2 verres à madère cognac.

Laisser macérer sur glace une heure.

Pour servir, passer dans la coupe d'amour.

Ajouter 1 bouteille champagne frappé.

1 branche mélisse, 1 branche bourrache.

Muscader. Remuer. Envoyer.

MAITRANK

Dans un bol ou saladier :
100 grammes de sucre en poudre.
Un peu d'eau pour dissoudre.
Demi-citron en tranches.
Quelques feuilles d'aspérule, lavées.
Pilonner un peu.
Ajouter 1 bouteille Rhin ou Moselle.
Laisser macérer 1/2 heure sur glace.
Puis verser à travers la passoire dans un jug.
Quelques morceaux de glace.
Décorer de brins d'aspérule frais. Servir.

MARQUISE AU CHAMPAGNE

N'est qu'une variété de champagne cup.
Dans un bol ou saladier :
1 verre à bordeaux sirop de gomme.
1 verre à madère marasquin.
1 verre à madère kirsch.
Abricots, ananas, poires, pommes en dés.
1 orange et 1 citron en tranches.
Fraises, framboises, cerises, raisin.
1 bouteille eau minérale ou siphon.
Rafraîchir sur glace 1 heure.
Pour servir ajouter 1 bouteille de champagne frappé.
Remuer. Servir à la louche dans des verres ou dans des coupes.

MOSELLE CUP

1° Dans le verre n° 5, 1/2 plein de glace pilée.
1 cuiller à café sucre en poudre.
3 traits curaçao, 3 traits cognac.
Adapter le gobelet. Frapper fort.
Orner de fruits de saison.
Pelure de concombre, branche de mélisse.
Emplir de Moselle. Servir. Pailles.

2° Pour une bouteille entière.
Quelques morceaux de glace dans 1 carafe.
Quadrupler les doses ci-dessus.
Envoyer la carafe pour 4 ou 5 personnes.

ROSENBAUM CUP

Dans un bol :
250 grammes groseilles mûres égrenées.
Couvrir de 100 grammes sucre en poudre.
Laisser macérer une heure.
Pour servir :
Dans une coupe à champagne.
1 cuiller à bouche des groseilles ci-dessus.
1 cuiller à bouche glace pilée.
Emplir de champagne. Servir.
Hors saison des groseilles, employer d'autres baies de la même façon.

SAUTERNES CUP

1° Verre n° 6, moitié plein de glace pilée.
1/2 verre à liqueur sirop de framboises.
3 traits curaçao, 3 traits cognac.
Adapter le gobelet. Frapper fort.
Décorer fruits de saison. Pelure, etc.
Emplir de sauternes. Servir. Pailles.
2° Pour la bouteille entière, en carafe :
Quelques morceaux de glace.
Quadrupler les doses ci-dessus.
Verser la bouteille. Envoyer.

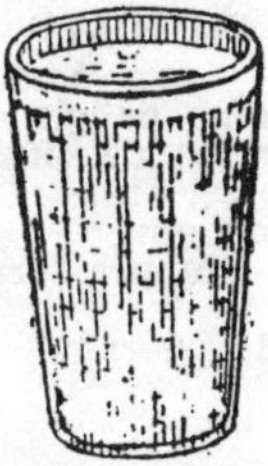

4 — 12

DAISIES

Petite boisson (short drink) froide à base de sirop d'orgeat et de citron.

BRANDY DAISY

Timbale à moitié pleine de glace pilée.
1 cuiller à bouche jus de citron.
1 cuiller à bouche orgeat.
1 verre à liqueur de cognac.
Former le shaker. Frapper fort.
Passer dans verre nº 4.
Emplir soda ou seltz. Servir.

FANCY DAISY

Timbale moitié pleine de glace pilée.
1 cuiller à bouche jus de citron.
1 cuiller à bouche orgeat.
1 verre à liqueur cordial-médoc.
Former le shaker. Frapper fort.
Passer dans verre nº 4 à bord givré.
Emplir soda ou seltz. Servir.

GIN DAISY

Timbale moitié pleine de glace pilée.
1 cuiller à bouche jus de citron.
1 cuiller à bouche orgeat.
1 verre à liqueur de gin.
Former le shaker. Frapper fort.
Passer dans verre nº 4.
Emplir soda ou seltz. Servir.

GINGER ALE DAISY

Timbale moitié pleine de glace pilée.
1 cuiller à bouche jus de citron.
1 cuiller à bouche orgeat.
1 verre à liqueur de cognac.
Former le shaker. Frapper fort.
Passer dans verre nº 4.
Emplir ginger ale. Servir.

RHUM DAISY

Timbale moitié pleine de glace pilée.
1 cuiller à bouche jus de citron.
1 cuiller à bouche orgeat.
1 verre à liqueur rhum.
Former le shaker. Frapper fort.
Passer dans verre nº 4.
Emplir soda ou seltz. Servir.

WHISKY DAISY

Timbale moitié pleine de glace pilée.
1 cuiller à bouche jus de citron.
1 cuiller à bouche orgeat.
1 verre à liqueur whisky.
Former le shaker. Frapper fort.
Passer dans verre nº 4.
Emplir soda ou seltz. Servir.

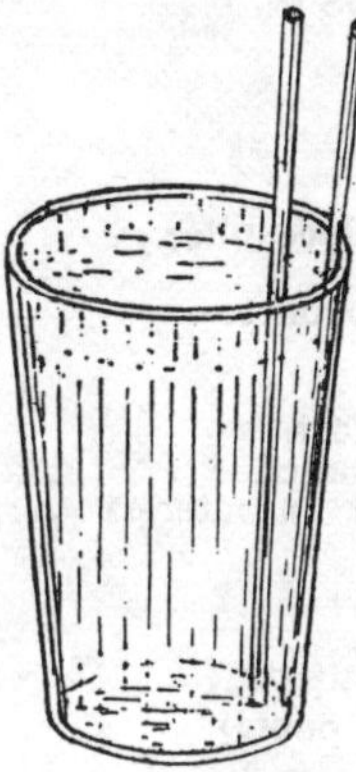

2 — 33

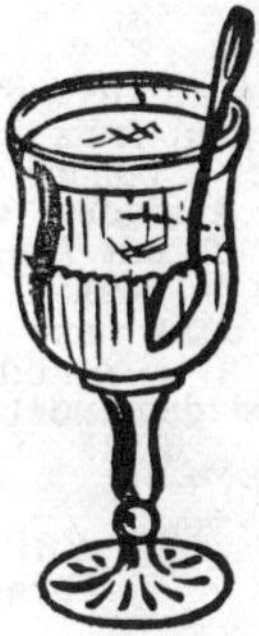

5 — 28 chaud

EGG-NOGS

De **nog,** petit pot. — En Ecosse, on appelle l'Egg-Nog, le lait du vieil homme « auld man's milk ».

La base essentielle de cette grande boisson, chaude ou froide, est l'œuf entier ou simplement le jaune. Ne pas oublier de muscader.

BALTIMORE EGG-NOG

Dans la timbale : un jaune d'œuf.
2 cuillers à café sucre en poudre.
Muscader. Lier à la cuiller et ajouter :
1 verre à madère de madère.
1 verre à liqueur de cognac.
1 verre à liqueur de rhum.
Mettre le blanc battu en neige.
1 verre à bordeaux de lait.
Quelques morceaux de glace.
Former le shaker. Frapper fort.
Passer dans verre n° 2.
Muscader encore. Servir. Grandes pailles.

EGG-NOG

Timbale au tiers pleine de glace pilée.
1 œuf bien frais entier.
1 cuiller à boucne sucre en poudre.
1 verre à madère whisky.
Emplir de lait froid.
Former le shaker. Frapper fort.
Passer dans verre n° 2, muscader.
Servir avec grandes pailles (ajouter 1 verre de liqueur, si demandé).

FRENCH EGG-NOG
(Grand lait de poule)

Dans le verre n° 5 réchauffé.
2 jaunes d'œufs, sans le blanc.
2 cuillers à bouche sucre en poudre.
1 verre à madère rhum ou cognac.
Emplir de lait très chaud.
Remuer à la cuiller. Muscader.
Servir tel quel.

HOT EGG-NOG

Dans le verre n° 5 réchauffé.
1 œuf frais entier.
1 cuiller à bouche sucre en poudre.
1 verre à madère de whisky.
2 cuillers à bouche eau bouillante.
Bien mélanger à la cuiller.
Emplir de lait très chaud.
Remuer, muscader. Servir tel quel.

SHERRY EGG-NOG

Timbale au tiers pleine de glace pilée.
1 œuf frais entier.
1 cuiller à bouche sucre en poudre.
1 verre à madère de xérès.
Emplir de lait froid.
Former le shaker. Frapper fort.
Passer dans verre n° 2
Muscader. Servir. Pailles.

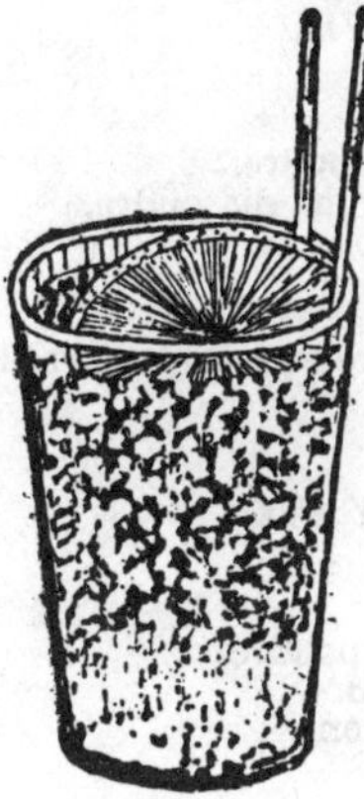

3 — 25

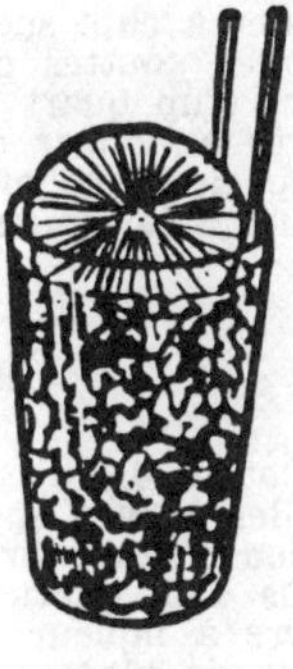

4 — 12

FIXES

Le fixe était à l'origine une boisson mi-longue ; certains barmen en font une boisson longue ; dans ce cas on doublera les doses indiquées ci-après et qui sont pour le petit tumbler.

Il conviendra pour la grande boisson de finir doucement avec eau de seltz ou soda.

On peut ajouter dans tous les fixes un peu de sirop d'ananas avant de remuer, mais alors il faut un peu moins de sucre, car le citron doit faire sentir son acidité.

Ne pas oublier de décorer de baies de saison et d'une tranche de citron piquée dans la glace.

Dans les recettes suivantes il est indiqué de remuer à la cuiller ; mais pour les praticiens il est plus élégant de transvaser à plusieurs reprises d'un gobelet dans un autre.

ANIS FIX

Gobelet n° 4.
1 cuiller à café sucre en poudre.
Quelques gouttes d'eau pour dissoudre.
Le jus d'un quart de citron.
1 verre à liqueur d'anis.
Emplir de glace pilée.
Remuer à la cuiller. Décorer de fruits. Pailles.

BRANDY FIX

Gobelet n° 4.
1 cuiller à café sucre en poudre.
Un peu d'eau pour dissoudre.
Le jus d'un quart de citron.
1 verre à liqueur cognac.
Emplir de glace pilée.
Remuer à la cuiller. Orner de fruits. Pailles.

GIN FIX

Gobelet n° 4.
1 cuiller à café sucre en poudre.
Un peu d'eau pour dissoudre.
Le jus d'un quart de citron.
1 verre à liqueur de gin.
2 traits de curaçao.
Emplir de glace pilée.
Remuer à la cuiller. Orner de fruits. Pailles.

RHUM FIX

Gobelet n° 4.
1 cuiller à café sucre en poudre.
Un peu d'eau pour dissoudre.
Le jus d'un quart de citron.
1 verre à liqueur de rhum.
Emplir de glace pilée.
Remuer à la cuiller. Orner de fruits. Pailles.

WHISKY FIX

Gobelet nº 4.
1 cuiller à café sucre en poudre.
Un peu d'eau pour dissoudre.
Le jus d'un quart de citron.
1 verre à liqueur de whisky.
Emplir dc glace pilée.
Remuer à la cuiller. Orner de fruits. Pailles.

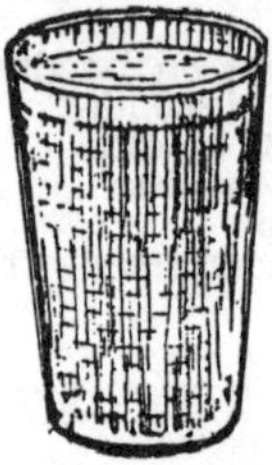

4 — 12

FIZZES

Le fizz, petite boisson froide, est caractérisé par le jus de citron, le blanc d'œuf et l'eau gazeuse ou de Vichy. Spécifier l'eau.

On peut en faire une boisson longue en doublant les doses, mais ce n'est pas la règle ; et, dans ce cas, le buveur doit demander **a large fizz :** un grand fizz.

BRANDY FIZZ

Timbale au 1/4 pleine de glace pilée.
1 cuiller à bouche sucre en poudre.
1 cuiller à bouche blanc d'œuf.
Le jus d'un demi-citron.
1 verre à liqueur cognac.
Former le shaker. Frapper fort.
Passer dans verre n° 4. Emplir seltz ou soda.
Remuer, servir, boire d'un trait.

CALVADOS FIZZ

Timbale au 1/4 pleine de glace pilée.
1 cuiller à bouche sucre en poudre.
1 cuiller à bouche blanc d'œuf.
Le jus d'un demi-citron.
1 verre à liqueur calvados.
Former le shaker. Frapper fort.
Passer dans verre nº 4. Emplir de cidre.
Remuer, servir, boire d'un trait.

CORDIAL FIZZ

Timbale au 1/4 pleine de glace pilée.
1 cuiller à bouche sucre en poudre.
1 cuiller à bouche blanc d'œuf.
Le jus d'un demi-citron.
1 verre à liqueur cordial-médoc.
Former le shaker. Frapper fort.
Passer dans verre nº 4. Emplir seltz ou soda.
Remuer. Servir. Boire tout de suite.

FRUIT'S FIZZ

Timbale au 1/4 pleine de glace pilée.
1 cuiller à bouche sucre en poudre.
1 cuiller à bouche blanc d'œuf.
2 traits de cassis. Jus 1/4 citron.
1 verre à liqueur de cognac.
Former le shaker. Frapper fort.
Passer dans le verre nº 4.
Orner de fruits de saison en petits morceaux.
Emplir de champagne frappé. Cuiller.

GIN FIZZ

Timbale au 1/4 pleine de glace pilée.
1 cuiller à bouche sucre en poudre.
1 cuiller à bouche blanc d'œuf.
Le jus d'un demi-citron.
1 verre à liqueur de gin.
Former le shaker. Frapper fort.
Passer dans verre nº 4. Emplir seltz ou soda.
Remuer. Servir. Boire vite.

GOLDEN FIZZ

Timbale au 1/4 pleine de glace pilée.
1 cuiller à bouche sucre en poudre.
1 jaune d'œuf frais.
Le jus d'un demi-citron.
1 verre à liqueur de gin.
Former le shaker. Frapper fort.
Passer dans verre n° 4. Emplir seltz ou soda.
Remuer très vite. Servir. Boire tout de suite.

SILVER FIZZ

Timbale au 1/4 pleine de glace pilée.
1 verre à liqueur orgeat.
1 cuiller à bouche blanc d'œuf.
Le jus d'un quart de citron.
1 verre à liqueur de gin.
Former le shaker. Frapper fort.
Passer dans verre n° 4. Emplir seltz ou soda.
Remuer encore. Servir. Boire tout de suite.

WHISKY FIZZ

Timbale au 1/4 pleine de glace pilée.
1 cuiller à bouche sucre en poudre.
1 cuiller à bouche blanc d'œuf.
Le jus d'un demi-citron.
1 verre à liqueur whisky.
Former le shaker. Frapper fort.
Passer dans verre n° 4. Emplir seltz ou soda.
Remuer. Servir. Boire vite.

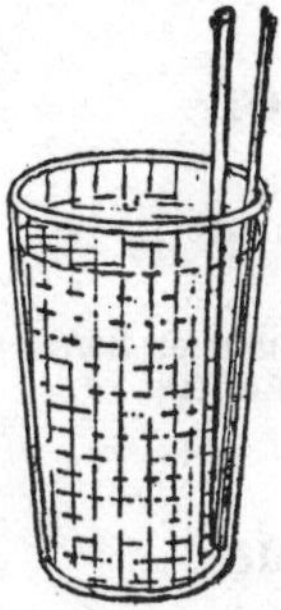

4 — 12

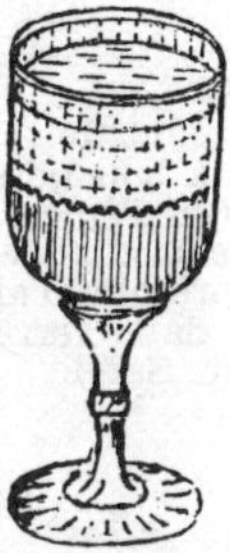

6 — 25

FLIPS

A l'origine, le flip était une boisson chaude dont la base essentielle était de la bière bouillante mélangée peu à peu, en agitant sans cesse, avec du rhum et des œufs battus et assaisonnés de muscade et gingembre. On obtenait le velouté (smoothness) et la mousse en transvasant ensuite plusieurs fois d'assez haut d'un récipient dans un autre.

Aujourd'hui le flip est préparé chaud ou froid d'après le goût de l'amateur. On emploiera donc de la glace ou un liquide très chaud, suivant le cas et la saison. Si la boisson est chaude on n'oubliera pas de transvaser plusieurs fois pour faire mousser, ni de chauffer le verre avant de s'en servir.

ALE FLIP COLD

Timbale moitié pleine de glace pilée.
1 cuiller à bouche sucre en poudre.
1 œuf frais bien battu.
1 verre à madère d'eau.
Former le shaker. Frapper fort.
Passer dans verre nº 3 (long drink).
Emplir de pale ale frappée.
Remuer. Muscader. Longues pailles.

ALE FLIP HOT

Dans la timbale : 1 œuf battu.
1 cuiller à bouche sucre en poudre.
1 diablotin d'épices.
1 peu d'eau chaude. Mélanger.
Emplir presque d'ale bien chaude et transvaser plusieurs fois dans verre nº 6 réchauffé.
Muscader. Servir.

BRANDY FLIP

Timbale moitié pleine de glace pilée.
1 cuiller à café sucre en poudre.
1 œuf frais bien battu.
1 verre à madère de cognac.
Former le shaker. Frapper fort et passer dans verre nº 4. Muscader. Pailles.

DEWEY FLIP

Timbale moitié pleine de glace pilée.
1 cuiller à café sucre en poudre.
1 jaune d'œuf frais.
1 verre à liqueur maraschino.
1 verre à liqueur porto blanc.
Former le shaker. Frapper fort et passer dans verre nº 4. Muscader. Pailles.

EGG FLIP COLD

Timbale moitié pleine de glace pilée.
1 cuiller à café sucre en poudre.
1 œuf frais battu.
1 verre à liqueur cognac.
1 verre à liqueur rhum
Former le shaker. Frapper fort et passer dans verre nº 4. Muscader. Pailles.

EGG FLIP HOT

Dans la timbale : 1 œuf frais battu.
1 cuiller à bouche sucre en poudre.

1 diablotin d'épices. Mélanger.
Emplir de bière bien chaude.
Transvaser plusieurs fois de la timbale dans le verre nº 6 réchauffé, pour faire mousser. Muscader. Servir.

GIN FLIP

Timbale moitié pleine de glace pilée.
1 cuiller à bouche sucre en poudre.
1 œuf frais bien battu.
1 verre à madère de gin.
Former le shaker. Frapper fort et passer dans verre nº 4. Muscader. Pailles.

LEMON FLIP

Timbale moitié pleine de glace pilée.
1 cuiller à bouche sucre en poudre.
1 œuf frais bien battu.
Le jus d'un demi-citron.
1 verre à liqueur cognac.
Former le shaker. Frapper fort et passer dans verre nº 4. Muscader. Pailles.

ORANGE FLIP

Timbale moitié pleine de glace pilée.
1 cuiller à bouche sucre en poudre.
1 œuf frais bien battu.
Le jus d'une demi-orange.
1 verre à liqueur cognac.
Former le shaker. Frapper fort et passer dans verre nº 4. Muscader. Pailles.

PORTO FLIP

Timbale moitié pleine de glace pilée.
1 cuiller à bouche sucre en poudre.
1 œuf frais bien battu.
1 verre à madère porto rouge ou blanc.
Former le shaker. Frapper fort et passer dans verre nº 4. Muscader. Pailles.

RHUM FLIP

Timbale moitié pleine de glace pilée.
1 cuiller à bouche sucre en poudre.
1 œuf frais bien battu.
1 verre à madère de rhum.
Former le shaker. Frapper fort et passer dans verre nº 4. Muscader. Pailles.

SHERRY FLIP

Timbale moitié pleine de glace pilée.
1 cuiller à bouche sucre en poudre.
1 œuf frais bien battu.
1 verre à madère de xérès.
Former le shaker. Frapper fort et passer dans verre nº 4. Muscader. Pailles.

WHISKY FLIP

Timbale moitié pleine de glace pilée.
1 cuiller à bouche sucre en poudre.
1 œuf frais bien battu.
1 verre à madère de whisky.
Former le shaker. Frapper fort et passer dans verre nº 4. Muscader. Pailles.

YARD OF FLANNEL
(L'egg-flip chaud est parfois ainsi désigné)

Pour quatre personnes :
Faire bouillir dans une casserole une bouteille de pale ale, puis y incorporer peu à peu en remuant sans cesse :
4 jaunes et 2 blancs bien battus ensemble.
4 cuillers à bouche sucre en poudre.
Une forte pincée d'épices.
Bien battre pour empêcher de coaguler.
Transvaser plusieurs fois d'un récipient dans un autre, d'aussi haut que possible, pour donner une apparence de laine mousseuse.
Servir en tasses ou verres nº 6 réchauffés. Ne pas oublier de muscader en servant.
On peut ajouter dans le verre, si demandé, 1 petit verre à liqueur rhum ou cognac.

FRUITS A L'EAU-DE-VIE

ABRICOTS

Dans le verre à prunes :
1 petit abricot à l'eau-de-vie.
Arroser d'eau-de-vie.
Servir avec petite cuiller.

CERISES

Dans le verre à cerises :
5 cerises confites à l'eau-de-vie.
Arroser d'eau-de-vie.
Servir avec petite cuiller.

CERISES JUBILÉ

Dans une petite cassolette en métal ou terre à feu, chaude : 5 cerises à l'eau-de-vie.
Arroser cognac, marasquin, kirsch.
Allumer. Servir flambant. Cuiller.

PRUNE FLAMBÉE

Dans une petite cocotte, métal, ou terre à feu, chaude :
1 belle prune à l'eau-de-vie.
Arroser d'eau-de-vie.
Allumer. Servir flambant. Cuiller.
Les verres à cerises ou à prunes, peuvent également servir pour les glaces et 1/2 glaces.

PRUNES

Dans le verre à prunes :
1 ou 2 prunes à l'eau-de-vie.
Arroser d'eau-de-vie.
Servir avec petite cuiller.

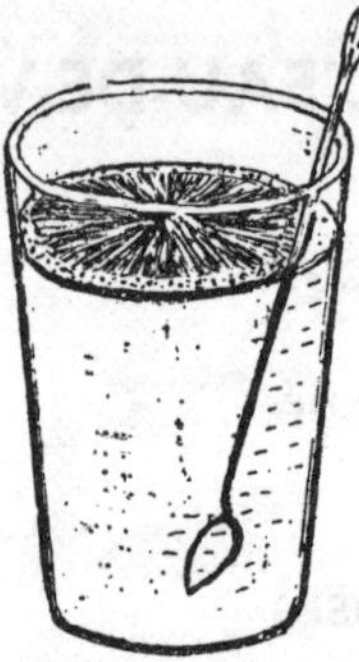

3 — 25

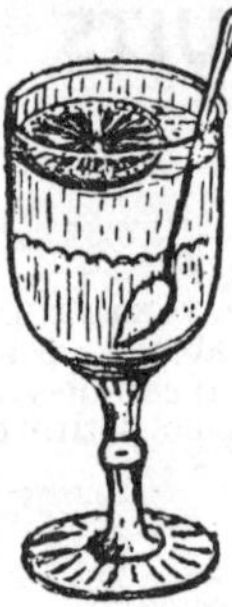

6 — 25

GROGS

Beaucoup de personnes confondent grog et punch ; ce dernier peut être froid ou chaud, le grog est toujours servi très chaud.

On le sert habituellement dans un verre spécial, recuit, dénommé verre à grog ; mais on peut le présenter dans tout autre verre réchauffé. Donner un porte-verre pour le verre sans pied.

Si l'on demande un petit grog : verre nº 7.

AMERICAN GROG

1º Dans un verre à grog :
1 cuiller à bouche sucre en poudre ou sirop.
1 verre à liqueur de cognac.
1 verre à liqueur de rhum.
1/2 verre à liqueur curaçao.
Remplir aux 3/4 d'infusion de thé léger. Remuer. Tranche de citron. Servir bouillant. Cuiller.

2º Provision pour un litre :
1/5 litre de rhum, 1/5 litre de cognac, 1/6 litre de

curaçao, 1/5 litre sirop de sucre, 1/4 litre très forte infusion de thé noir.

Le tout bien mélangé à froid.

3° Pour servir, dans un verre à grog :
1 verre à madère du mélange ci-dessus.
Emplir aux 3/4 d'eau bouillante.
Servir avec tranche de citron.
Sucre supplémentaire, si demandé. Cuiller.

BRANDY GROG

Dans un verre à grog :
1 cuiller à bouche sucre en poudre.
1 verre à madère de cognac.
Emplir aux 3/4 d'eau bouillante.
Tranche de citron. Cuiller.
(Ce grog est l'usuel, **the ordinary grog.**)

FRENCH GROG

Dans un verre à grog :
1 cuiller à bouche sucre en poudre.
1/2 verre à madère de cognac.
1/2 verre à madère de rhum.
Emplir aux 3/4 d'eau bouillante.
Tranche de citron. Cuiller.

GROG NOIR

Dans un verre à grog :
1 cuiller à bouche de mélasse.
1 verre à madère de rhum.
Emplir au 3/4 thé noir très chaud.
Tranche de citron. Cuiller.

HONEY GROG

Dans verre à grog :
1 cuiller à bouche de miel.
1 verre à madère de cognac.
Emplir aux 3/4 d'eau bouillante
Tranche de citron. Cuiller.

RHUM GROG

Dans un verre à grog :
1 cuiller à bouche sucre en poudre.
1 verre à madère de rhum.
Emplir aux 3/4 d'eau bouillante.
Tranche de citron. Cuiller.

WHISKY GROG

Dans un verre à grog :
1 cuiller à bouche sucre en poudre.
1 verre à madère de whisky.
Emplir aux 3/4 d'eau bouillante.
Tranche de citron. Cuiller.

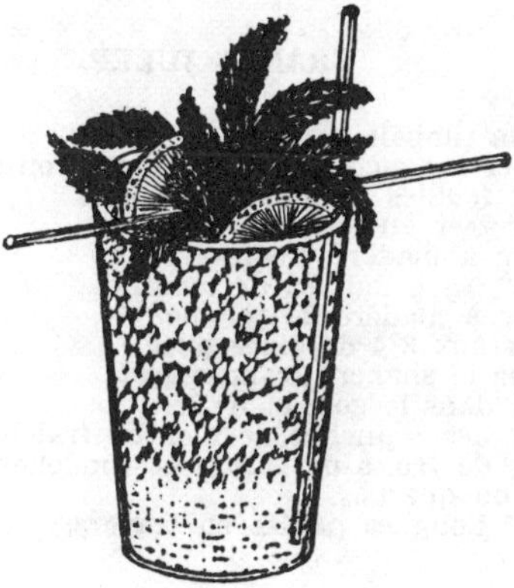

3 — 25

JULEPS

Cette grande boisson, long drink, est à base de feuilles de menthe fraîches et pressées pour en extraire le parfum. On ne doit pas oublier de retirer les feuilles pressées avant de secouer, car la glace pourrait les réduire en petits brins qui obstrueraient le chalumeau. — Ne pas oublier de décorer de menthe fraiche, emblème de la boisson.

Enfin on peut encore améliorer cette boisson par quelques traits de crème de menthe verte, à la fin, par-dessus tout ; et saupoudrer de sucre le décor.

BRANDY JULEP

Dans la timbale :
1 cuiller à bouche sucre en poudre ou sirop.
3 ou 4 feuilles de menthe fraiche.
Les presser au pilon.
1 verre à madère d'eau.
Retirer les brindilles de menthe.
1 verre à madère de cognac.
Emplir aux 3/4 de glace pilée.
Former le shaker. Frapper fort.
Verser dans le gobelet n° 3.
Piquer des branches de menthe fraîche en bouquet et orner de fruits de saison et rondelles d'orange en moitiés ou quarts.
Servir. Longues pailles en travers.

CHAMPAGNE JULEP

Gobelet n° 3.
1 cuiller à bouche sirop de sucre.
3 ou 4 feuilles de menthe fraiche. Les presser.
1/2 verre à madère d'eau gazeuse.
Retirer les feuilles pressées. Un peu de glace.
Emplir de champagne frappé.
Remuer à la cuiller. Décorer de fruits et feuilles de menthe. Servir. Grandes pailles.

GIN JULEP

Dans la timbale :
1 cuiller à bouche sucre en poudre ou sirop.
3 ou 4 feuilles de menthe fraiche.
Les presser au pilon.
1 verre à madère d'eau.
Retirer les brindilles de menthe.
1 verre à madère de gin.
Emplir aux 3/4 de glace pilée.
Former le shaker. Frapper fort.
Verser dans le gobelet n° 3.
Orner de tranches d'oranges, fruits, feuilles de menthe piqués dans la glace. Pailles.

MINT JULEP

Dans la timbale :
1 cuiller à bouche sucre en poudre.
3 ou 4 feuilles de menthe fraiche.
Les presser au pilon.
1 verre à madère d'eau.
Retirer les feuilles pressées.
Ajouter 1 verre à madère de cognac.
1 cuiller à café alcool de menthe.
Emplir aux 3/4 de glace pilée.
Former le shaker. Frapper fort.
Verser dans gobelet n° 3. Décorer fruits de saison et feuilles de menthe.
Verser sans mélanger 1 verre à liqueur de vieux rhum. Saupoudrer légèrement de sucre pour givrer. Servir. Longues pailles en travers.

PINEAPPLE JULEP

Recette de Jerry Thomas.
Dans une coupe à champagne :
1 tranche d'ananas en petits morceaux.
1 cuiller à café jus d'orange.
1 cuiller à café sirop de framboises.
1 cuiller à café maraschino.
1 verre à liqueur de gin.
1 cuiller à bouche glace pilée.
Emplir de Moselle mousseux.
Remuer doucement. Décorer de fruits de saison. Servir. Courtes pailles.

RHUM JULEP

Dans la timbale :
1 cuiller à bouche sucre en poudre ou sirop.
3 ou 4 feuilles de menthe fraiche.
Les presser au pilon.
1 verre à madère d'eau.
Retirer les feuilles pressées.
1 verre à madère de rhum.
Emplir aux 3/4 de glace pilée.
Former le shaker. Frapper fort.
Verser dans le gobelet n° 3.
Décorer de fruits, 2/2 tranches d'orange, feuilles de menthe en bouquet. Pailles.

SAUTERNES JULEP

Gobelet n° 3.
1 cuiller à bouche sirop de sucre.
3 ou 4 feuilles de menthe fraiche.
Les presser au pilon.
1/2 verre à madère d'eau.
Retirer les feuilles pressées.
Deux cuillers à bouche de glace pilée.
Emplir de sauternes frappé.
Adapter la timbale. Frapper.
Décorer de fruits et feuilles de menthe, rondelles d'oranges en moitiés ou quarts. Pailles.

WHISKY JULEP

Dans la timbale :
1 cuiller à bouche sucre en poudre ou sirop.
3 ou 4 feuilles de menthe fraiche.
Les presser au pilon.
1 verre à madère d'eau.
Retirer les feuilles pressées.
1 verre à madère de whisky.
Emplir avec 3/4 de glace pilée.
Former le shaker. Frapper fort.
Verser dans le gobelet n° 3.
Décorer de fruits, 2/2 tranches d'orange, feuilles de menthe en bouquet. Pailles.

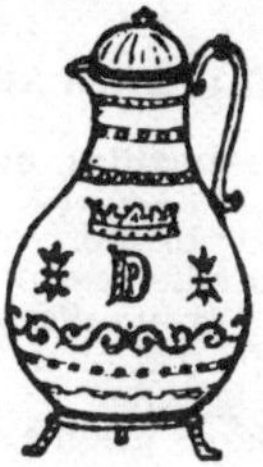

MULLS

Cette délicieuse boisson, réchauffante, revivifiante, par les glaciales journées d'hiver, à la halte, à la chasse, au retour de la pêche ; ou tout simplement pour supprimer la fatigue, non pas à la façon du coup de fouet de l'alcool, mais avec un effet plus durable ; ce bon **vin chaud** d'autrefois semble être tombé en désuétude, supplanté par des nouveautés plus alcoolisées mais moins savoureuses et certainement moins bienfaisantes.

C'est un des conforts qu'il conviendrait de rénover entre amis, et au foyer familial ; car le breuvage dont l'alcool s'est en grande partie évaporé ne contient plus que les principes reconstituants du vin.

La préparation doit se faire dans une casserole en métal non étamé, car très souvent l'alcool s'enflamme et cela suffit à faire fondre l'étain de la casserole.

La cuiller ou louche dont on se servira ne doit pas non plus être en étain ou étamée.

CLARET MUSLIN

Pour le claret muslin, prendre un grand bol ou saladier, dans lequel on battra bien ensemble :

3 ou 4 œufs entiers, 50 grammes sucre en poudre.

Puis verser dessus lentement, en remuant toujours le mulled claret de la recette suivante.

Servir dans des tasses. Muscader.

(Il ne faut pas verser les œufs dans le vin, car ils feraient masse et ne se dilueraient pas.)

MULLED CLARET

Dans une casserole émaillée, ou en métal, mais non étamée :

1 verre à vin d'eau, 15 morceaux de sucre français (250 grammes), 1 bouteille de vin rouge, un demi-citron en tranches minces, 2 traits d'essence de vanille ou de sirop de framboises, 1 bâton de cannelle, un peu de muscade, un clou de girofle.

Chauffer en remuant jusqu'à écume très blanche, mais sans bouillir.

Passer dans mulled wine jug et servir dans des verres à bordeaux, réchauffés.

MULLED PORT

Dans une casserole émaillée ou non étamée :
1 verre à vin d'eau, 250 grammes de sucre.
1 bouteille porto rouge.
1 orange en tranches minces.
2 traits d'essence de vanille.
1 pincée d'épices.
1 bâton de cannelle. Muscader.

Chauffer en remuant jusqu'à écume très blanche, sans laisser bouillir.

Passer dans mulled wine jug et servir dans des verres à bordeaux, réchauffés.

SHERRY MUSLIN

Dans une casserole émaillée ou non étamée :
1 verre à vin d'eau 250 grammes de sucre.
1 forte pincée d'épices.
2 traits d'essence de vanille.
1 citron en tranches minces.
1 bâton de cannelle.
2 clous de girofle.
1 bouteille de xérès.

Amener lentement presque au point d'ébullition. Puis verser petit à petit à travers une passoire, en remuant constamment, sur six blancs d'œufs battus en neige. Bien incorporer. Muscader.

Servir en verres ou tasses.

NOTA BENE. — Bien verser le vin sur les œufs et non les œufs dans le vin, car alors on n'obtiendrait pas la mousseline.

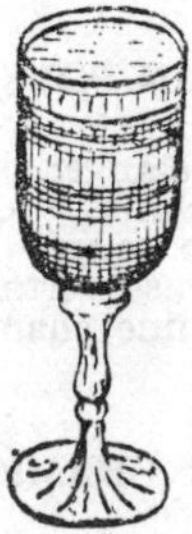

12 — 8

POUSSE-CAFÉ

Le pousse-café est habituellement servi dans un verre à liqueur, étroit et long, forme flûte.

Les liqueurs seront versées doucement dans le verre penché, l'une après l'autre, **sans les mélanger.** On peut varier à l'infini la diversité des couleurs de façon à flatter l'œil avant de charmer le goût.

L'élève barman essaiera son talent à ce sport d'adresse et de patience, sa ténacité finira par lui faire produire des merveilles. La règle pour réussir est de suivre l'échelle des densités : la liqueur la plus lourde d'abord, puis progressivement les plus légères. Plus le titre d'alcool est élevé, plus légère est la liqueur. Il est donc indispensable de bien connaître les différentes densités des liquides à employer afin d'éviter le mélange.

LES SCAFFAS

Scaffa est une abréviation déformée de pousse-café, la première syllabe ayant été supprimée par le vulgaire dans les public-houses de la Louisiane. Le scaffa est donc un pousse-café et, comme tel, il est classé, ici, sous cette désignation.

AMERICAN POUSSE-CAFÉ

Verre nº 12, sans mélanger.
1/4 du verre maraschino.
1/4 du verre curaçao rouge.
1/4 du verre chartreuse verte.
1/4 du verre bonne fine champagne.

BRANDY CHAMPERELLE

Verre nº 12, sans mélanger.
1/3 du verre curaçao rouge.
1/3 du verre angostura bitter.
1/3 du verre bon cognac.

BRANDY CHANTERALLA

Timbale au quart pleine de glace pilée.
2 traits de curaçao.
2 traits de chartreuse.
2 traits de jus de citron.
1/2 verre à liqueur anisette.
1 verre à liqueur cognac.
Former le shaker. Frapper.
Passer dans le verre nº 11.

BRANDY SCAFFA

Verre nº 12, sans mélanger.
1/2 du verre maraschino.
1/2 du verre vieux cognac.
3 gouttes angostura tout doucement.

CHAMBERLAIN

Timbale au quart pleine de glace pilée.
3 traits absinthe ou anis.
1 cuiller à bouche grenadine.
1 verre à liqueur whisky.
Former le shaker. Frapper.
Passer dans le verre nº 11.

FAIVRE POUSSE-CAFÉ

Verre nº 12.
1/3 du verre curaçao, kirsch, chartreuse jaune mélangés ensemble dans le fond du verre, puis :
1/3 du verre kirsch, seul.
1/3 du verre curaçao rouge, seul.

FAIVRE POUSSE-CAFÉ

Verre nº 12, sans mélanger.
1/3 du verre marasquin.
1/6 du verre sirop de framboises.
1/6 du verre crème de cacao.
1/6 du verre chartreuse jaune.
1/6 du verre fine champagne.

GIN SCAFFA

Verre nº 12, sans mélanger.
1/2 du verre maraschino.
1/2 du verre old gin.
3 gouttes d'angostura bitter.

LAST DRINK

Dans la timbale un peu de glace pilée.
1/4 verre à liqueur chartreuse jaune.
1/4 — cordial-médoc.
1/4 — kummel.
1/4 — ginger brandy.
Former le shaker. Frapper. Passer dans verre nº 1

LETZTE TROPFEN

Verre nº 12, sans mélanger.
1/3 Dantziger Goldwasser.
1/3 Kirsch.
1/3 Grande fine champagne.

LOIE FULLER

Se reporter aux indications données en tête du présent chapitre, car pour cette préparation il importe de bien connaitre les titres et densités des sirops et liqueurs. En l'espèce il s'agit de verser quelques gouttes de chaque bouteille dans le verre penché, sans mélanger, de façon que chaque couleur soit bien visible.

Voici un ordre couramment suivi par les mains expertes de nos barmen :

1° Sirop de groseilles.
2° Cassis.
3° Anisette.
4° Curaçao rouge.
5° Maraschino.
6° Menthe verte.
7° Menthe blanche.
8° Fraisette.
9° Prunelle.
10° Cordial-médoc.
11° Kummel OO.
12° Cherry Brandy.
13° Impérial mandarine.
14° Kummel Wolfschmidt.
15° Chartreuse verte.
16° Bénédictine.
17° Cointreau.
18° Grande fine champagne.

On peut au besoin modifier soi-même les titres des liqueurs sans contrevenir aux lois, mais pour ce cas seulement. D'ailleurs cette boisson de blasé est à mettre dans le même sac que le « Barman's smile ». Voir aux cocktails.

Une liqueur dont on a modifié le titre alcoolique en vue de faire des pousse-café ne peut plus être servie individuellement sous son appellation d'origine.

MELÉ-CASS

Verre n° 1, mélanger :
Moitié cognac, moitié cassis.

RE-POUSSE-CAFÉ

Verre n° 12, sans mélanger.
1/3 du verre anisette.
1/3 du verre chartreuse verte.
1/3 du verre grande fine champagne.

SANTINA POUSSE-CAFÉ

Verre n° 12.
1/3 du verre maraschino.
1/3 du verre curaçao.
1/3 du verre cognac.
Par exception, mélanger.

SARATOGA POUSSE-CAFÉ

Verre n° 12, sans mélanger.
1/3 du verre maraschino.
1/3 du verre curaçao.
1/3 du verre whisky.
2 gouttes d'angostura.

TOISON D'OR

Verre n° 11 moitié plein de glace pilée.
1/2 chartreuse jaune ou Impérial mandarine.
Finir sans mélanger avec Dantziger Goldwasser et servir avec courtes pailles.
Agiter la bouteille Dantzig avant de verser.

TOUCHE-A-TOUT POUSSE-CAFÉ

Verre n° 12, sans mélanger.
1/4 du verre marasquin
1/4 du verre curaçao rouge.
1/4 du verre menthe verte.
1/4 du verre fine champagne.

TRANSAT' POUSSE-CAFÉ

Verre n° 12, sans mélanger.
1/3 du verre maraschino.
1/3 du verre chartreuse verte.
1/3 du verre fine champagne.

WHISKY SCAFFA

Verre n° 12, sans mélanger.
1/2 du verre maraschino.
1/2 du verre whisky.
3 gouttes angostura bitter.

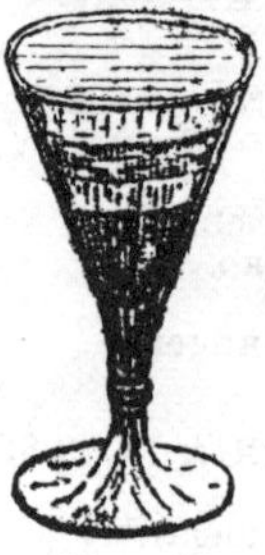

10 — 7

POUSSE-L'AMOUR

Dans tout pousse-l'amour le jaune d'œuf est de rigueur et, sauf exception, on ne doit pas mélanger les ingrédients qui doivent au contraire rester par couches superposées bien distinctes.

BRACE UP

Timbale : 1 cuiller à bouche glace pilée.
1 cuiller à café de miel fin.
1 jaune d'œuf frais.
1 diablotin de cayenne.
1 verre à liqueur fine champagne.
Former le shaker. Frapper. Laisser redescendre.
Passer dans verre nº 10. Boire d'un trait.

GOLDEN SLIPPER

Dans le verre nº 10 :
1/4 du verre chartreuse jaune.
1 jaune d'œuf sans le briser.
Finir avec Dantziger Goldwasser après avoir agité cette bouteille.
Ne pas mélanger. Boire d'un trait.

KNICKEBEIN

Dans le verre n° 10 :
1/2 verre à liqueur crème de vanille.
1 jaune d'œuf sans le briser.
1/2 verre à liqueur curaçao rouge.
1/2 verre à liqueur kummel.
2 gouttes angostura par-dessus.
Ne pas mélanger. Boire d'un trait.

PARFAIT AMOUR

Dans le verre n° 10 :
1/2 verre à liqueur crème de menthe verte.
Gros comme un petit pois d'ambre pilé.
1 jaune d'œuf bien frais.
1 diablotin de cayenne.
Finir avec bonne fine champagne.
Bien mélanger. Boire d'un trait.

PARIS-POUSSE-L'AMOUR

Dans le verre n° 10 :
1/2 verre à liqueur marasquin.
1 jaune d'œuf, sans le briser.
1/4 verre à liqueur crème de vanille.
Finir avec fine champagne.
Ne pas mélanger. Boire d'un trait.

THUNDER

Timbale : 1 cuiller à bouche glace pilée.
1 cuiller à café sucre en poudre.
1 jaune d'œuf bien frais.
1 diablotin de cayenne.
1 verre à liqueur cognac.
Former le shaker. Frapper. Laisser redescendre.
Passer dans verre n° 10. Boire d'un trait.

THUNDERBOLT (COUP DE FOUDRE)

Dans le verre nº 10 :
1/2 verre à liqueur crème de menthe verte.
1 jaune d'œuf frais sans le briser.
1 diablotin de cayenne.
Finir avec fine champagne.
Ne pas mélanger. Boire d'un trait.

VELVET POUSSE-L'AMOUR

Dans le verre nº 10 :
1/2 verre à liqueur chartreuse jaune.
3 gouttes sirop de framboises.
1 jaune d'œuf frais sans le briser.
3 autres gouttes sirop de framboises.
Finir avec Impérial mandarine.
Ne pas mélanger. Boire d'un trait.
(C'est un véritable velours.)

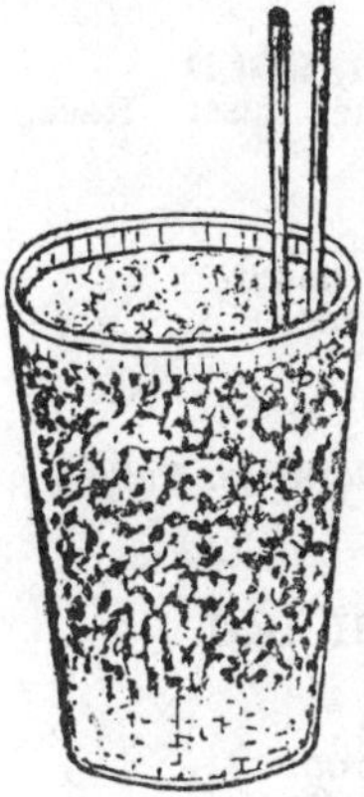

3 — 25

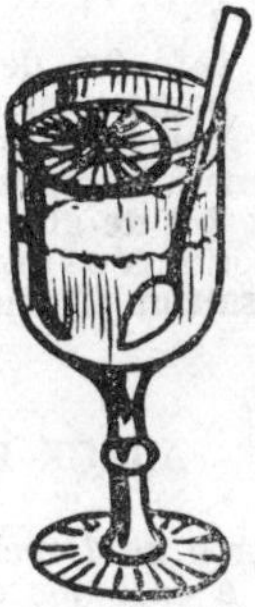

7 — 11

PUNCHES

Le punch se fait à volonté chaud — short drink — ou froid — long drink — suivant que l'on emploie de l'eau glacée ou bouillante. On le prépare aussi au lait.

PUNCH CHAUD. — Servir dans un verre à petit grog avec tranches de citron ou d'orange, sucre supplémentaire et petite cuiller. Si on le sert dans un gobelet, munir ce dernier d'un porte-verre. Réchauffer le verre.

PUNCH FROID. — Servir dans un grand gobelet avec fruits de saison : fraises, cerises, raisin, etc., et rondelles d'orange ou de citron, ou d'ananas, entières ou coupées. Donner des pailles. On le sert aussi parfois dans des coupes.

On peut préparer chaud ou froid pour plusieurs personnes à la fois, ou en grande quantité pour réunions. Dans ce cas on emploiera un bol en argent (chaud) ou en porcelaine (froid), puis on servira avec la cuiller à punch (louche à bec) dans les verres ad hoc.

ARACK PUNCH, COLD

(Eau-de-vie de riz, appelée aussi : Rack.)

Gobelet n° 3 :
1 cuiller à café jus de citron.
1 cuiller à bouche sucre en poudre.
1 cuiller à bouche d'eau froide.
1 verre à madère d'arack.
Emplir aux 3/4 de glace pilée.
Adapter la timbale. Frapper.
Fruits de saison. Tranche d'orange. Pailles.

ARACK PUNCH, HOT

Dans le verre n° 7 réchauffé :
1/2 cuiller à café jus de citron.
1 cuiller à café sucre en poudre.
1 verre à liqueur d'arack.
Emplir d'eau bouillante. Mélanger.
Tranche de citron. Muscader. Cuiller.

BRANDY PUNCH, COLD

Gobelet n° 3 :
1 cuiller à café jus d'orange.
1 cuiller à bouche sucre en poudre.
1 cuiller à bouche d'eau froide.
1 verre à liqueur de rhum.
1 verre à madère de cognac.
Emplir aux 3/4 de glace pilée.
Adapter la timbale. Frapper.
Orner de fruits. Tranche d'orange. Pailles.

BRANDY PUNCH, HOT

(Ordinary, usual punch.)

Dans le verre n° 7 réchauffé :
1 cuiller à café de jus de citron.
1 cuiller à café sucre en poudre.
2 traits curaçao, 1 verre à liqueur cognac.
Emplir d'eau bouillante. Mélanger.
Tranche de citron. Muscader. Cuiller.

CANADIAN PUNCH

Gobelet nº 3 moitié plein de glace pilée :
1 cuiller à café jus de citron.
1 cuiller à bouche sucre en poudre.
1 verre à liqueur de rhum.
1 verre à madère Rye whisky.
Tranches d'orange et d'ananas.
Emplir d'eau froide. Remuer. Pailles.

CHAMPAGNE PUNCH

Gobelet nº 3 moitié plein de glace pilée :
1 cuiller à bouche jus de citron.
1 cuiller à bouche sirop de fraises.
1/2 tranche d'ananas, 1 rondelle d'orange.
Emplir de champagne. Remuer à la cuiller.
Fraises, cerises, groseilles, raisin. Pailles.

CHRISTMAS PUNCH

Au champagne punch ci-dessus, servi dans le gobelet nº 3, ou dans une coupe, ajouter : 2 traits curaçao, 2 traits marasquin.

CIDER PUNCH

Gobelet nº 3 moitié plein de glace pilée :
1 cuiller à café jus de citron.
1 cuiller à bouche sucre en poudre.
1 verre à liqueur de cognac.
Zeste de citron coupé en losanges.
1 lanière pelure de concombre vert.
Adapter la timbale. Frapper fort.
Emplir de cidre. Remuer. Tranche d'orange
Servir avec longues pailles.

CLARET PUNCH, COLD

Gobelet nº 3 moitié plein de glace pilée :
1 cuiller à bouche sucre en poudre.
1 rondelle de citron et 2 d'orange.
Emplir de bordeaux rouge.
Adapter la timbale. Frapper.
Orner de fruits de saison. Pailles.

CLARET PUNCH, HOT

Faire chauffer dans une casserole :
1 verre à madère bordeaux rouge.
1 cuiller à café jus de citron.
1 cuiller à bouche sucre en poudre.
3 traits de curaçao.
1 verre à liqueur de cognac.
Verser dans verre nº 6 réchauffé.
Emplir d'eau chaude. Muscader.
Tranche de citron. Cuiller.

COSMOPOLITAN PUNCH

Gobelet nº 3 moitié plein de glace pilée :
1 cuiller à café sucre en poudre.
1 cuiller à café jus de citron.
1 verre à liqueur de cognac.
3 traits curaçao, 3 de rhum, 3 de marasquin.
Emplir de vin rouge froid.
Adapter la timbale. Frapper.
Orner de fruits de saison. Pailles.

CURAÇAO PUNCH

Gobelet nº 3 :
1 cuiller à bouche d'eau.
1 cuiller à bouche sucre en poudre.
1 cuiller à bouche jus de citron.
3/4 verre à madère curaçao rouge.
1/2 verre à liqueur de cognac.
1/2 verre à liqueur de rhum.
Emplir aux 3/4 de glace pilée.
Adapter la timbale. Frapper.
Décorer de fruits, orange. Pailles.

ELDORADO PUNCH

Gobelet nº 3 :
1 cuiller à café jus de citron.
1 cuiller à bouche sucre en poudre.
1 cuiller à bouche d'eau.
1 verre à liqueur cognac.
1 verre à liqueur rhum.
1 verre à liqueur whisky.
Emplir aux 3/4 de glace pilée.
Adapter la timbale. Frapper.
Orner de fruits. Tranche citron. Pailles.

GIN PUNCH, COLD

Gobelet nº 3 :
Le jus d'un demi-citron.
1 cuiller à bouche sucre en poudre.
1 verre à liqueur d'eau.
2 traits curaçao.
1 verre à madère gin.
Emplir aux 3/4 de glace pilée.
Adapter la timbale. Frapper.
Orner de fruits. Tranche de citron. Pailles.

GIN PUNCH, HOT

Dans le verre nº 7 réchauffé :
1/2 cuiller à café jus de citron.
1 cuiller à café sucre en poudre.
2 traits curaçao.
1 verre à liqueur de gin.
1 zeste de citron.
Emplir d'eau chaude. Muscader. Cuiller.

IMPERIAL PUNCH

Gobelet nº 3 moitié plein de glace pilée :
1 cuiller à café jus de citron.
1 cuiller à bouche sucre en poudre.
3 traits marasquin.
1 verre à madère de Bordeaux.
Quelques morceaux pelure de concombre.
Adapter la timbale. Frapper.
Emplir d'eau de seltz ou soda.
Muscader. Orner de fruits. Pailles.

IRISH PUNCH

Dans le verre nº 7 réchauffé :
1 cuiller à café jus de citron.
1 cuiller à café sucre en poudre.
1 verre à liqueur Irish whisky.
Emplir d'eau très chaude.
Une tranche de citron. Muscader. Cuiller.

JJONKA PA ROUSSKI (PUNCH RUSSE)

Dans un grand bol en argent :
1 bouteille de champagne.
1/2 ananas, épluché, en tranches.
250 grammes sucre en poudre.
Verser dessus 1 verre à bordeaux de kirsch.
Allumer et laisser flamber jusqu'à ce que le punch soit très chaud. Servir avec une tranche d'ananas dans des verres à pied, réchauffés.

KIRSCHWASSER PUNCH

Dans le gobelet nº 3 :
1 cuiller à bouche jus de citron.
1 cuiller à bouche sucre en poudre.
1 verre à liqueur d'eau.
1 verre à madère de kirsch.
Emplir aux 3/4 de glace pilée.
Adapter la timbale. Frapper.
Orner de cerises. Tranche de citron. Pailles.

MANHATTAN-MILK, COLD

Gobelet nº 3 moitié plein de glace pilée :
1 cuiller à bouche sucre en poudre.
1 jaune d'œuf frais.
1 verre à liqueur whisky.
1 verre à liqueur madère.
Emplir de lait froid. Muscader.
Adapter la timbale. Frapper. Pailles.

MANHATTAN-MILK, HOT

Dans le verre nº 6 réchauffé :
1 cuiller à café sucre en poudre.
1 verre à liqeur whisky.
1 verre à liqueur madère.
1 jaune d'œuf frais. Bien mélanger.
Emplir de lait bouillant. Remuer.
Muscader. Servir. Cuiller.

MILK PUNCH, COLD

Timbale au tiers pleine de glace pilée :
1 cuiller à bouche sucre en poudre.
1 verre à liqueur cognac.
1 verre à liqueur rhum.
Emplir de lait froid. Remuer.
Passer dans verre nº 3. Muscader. Pailles.

MILK PUNCH, HOT

Gobelet nº 3 réchauffé, ou nº 6 :
1 cuiller à bouche sucre en poudre.
1 verre à liqueur cognac.
1 verre à liqueur rhum.
Emplir de lait chaud. Remuer.
Muscader. Cuiller.

MILK PUNCH SPECIAL

Pour 6 personnes. Servir avec le potage Tortue.
Dans le grand tumbler nº 1 :
1 cuiller à bouche sucre en poudre.
1 cuiller à bouche d'eau pour dissoudre.
1 verre à bordeaux de cognac.
1/2 verre à bordeaux de rhum.
Jus de 1/2 orange et 1/4 citron.
2 cuillers glace pilée. Emplir de lait froid.
Adapter la timbale. Frapper.
Passer dans 6 verres nº 8. Muscader. Servir.

MISSISSIPI PUNCH

Gobelet n° 3 :
1 cuiller à bouche jus de citron.
1 cuiller à bouche sucre en poudre.
1 verre à liqueur d'eau.
1/2 verre à liqueur cognac.
1/2 verre à liqueur rhum.
1/2 verre à liqueur Bourbon whisky.
Emplir aux 3/4 de glace pilée.
Adapter la timbale. Frapper.
Décorer de fruits, tranche d'orange. Pailles.

MOSELLE WINE PUNCH

Gobelet n° 3, 1/2 plein de glace pilée :
1 cuiller à café jus de citron.
1 cuiller à bouche sucre en poudre.
1/2 verre à liqueur cognac.
Adapter la timbale. Frapper.
Emplir aux 3/4 vin de la Moselle.
Remuer. Fruits. Tranche d'orange. Pailles.

NORMAN PUNCH

Gobelet n° 3, 1/2 plein de glace pilée :
1 cuiller à café jus de citron.
1 cuiller à bouche sucre en poudre.
1 verre à liqueur calvados.
1 verre à liqueur whisky.
1 lanière pelure de concombre.
Adapter la timbale. Frapper.
Emplir lentement de cidre.
Remuer doucement. Pailles.

ORDINARY PUNCH

Punch usuel (voir hot Brandy punch).

ORGEAT PUNCH

Gobelet n° 3 :
1 cuiller à bouche jus de citron.
3/4 verre à madère sirop d'orgeat.
1 verre à madère cognac.
Emplir avec 3/4 de glace pilée.
Adapter la timbale. Frapper.
Décorer de fruits, rondelles d'orange.
Puis verser dessus, mais sans mélanger, un demi-verre à liqueur de porto rouge. Pailles.

PINEAPPLE PUNCH

Pour 10 personnes. Dans 1 bol :
1/2 ananas en tranches.
1/4 litre de sirop d'ananas.
1/4 litre cognac, 1/4 litre rhum.
Le jus de deux citrons.
Entourer de glace. Macérer 1 heure. Ajouter 1 bouteille champagne frappé et 1 soda.
Servir dans des coupes décorées de raisin, fraises, cerises, ananas, etc.

POLONAISE PUNCH

Dans un bol : 80 grammes sucre morceaux.
Arroser d'un verre à liqueur cognac, un verre à liqueur rhum, un verre à liqueur kirsch.
Allumer et laisser flamber jusqu'à dissolution. Ajouter 1 bouteille champagne, quelques tranches d'ananas et d'orange. Le jus d'une orange
Chauffer le tout en casserole.
Servir dans verres n° 7 réchauffés.

PORT-WINE PUNCH, COLD

Gobelet n° 3, 1/2 plein de glace pilée.
1 cuiller à bouche sucre en poudre.
1 cuiller à café jus de citron.
1 cuiller à café sirop de framboises.
Emplir aux 3/4 de porto rouge.
Adapter la timbale. Frapper.
Décorer fruits, tranches d'orange. Pailles.

PORT-WINE PUNCH, HOT

Dans le verre nº 7 réchauffé :
2 traits jus de citron.
1 cuiller à café sirop de framboises.
1 verre à liqueur porto rouge.
Emplir d'eau chaude. Remuer.
Orner 2/2 tranches citron. Muscader.

RASPBERRY PUNCH

Gobelet nº 3, moitié plein de glace pilée.
1 verre à liqueur cognac.
1 verre à madère sirop de framboises.
Adapter la timbale. Frapper.
Emplir aux 3/4 soda ou seltz.
Décorer de fruits, tranches d'orange. Pailles.

RHINE-WINE PUNCH

Même procédé que pour Moselle-Wine, en employant du vin du Rhin.

Si l'on employait du vin mousseux, procéder comme pour champagne punch.

ROMAN PUNCH

Gobelet nº 3 :
1 cuiller à bouche sucre en poudre.
1 cuiller à bouche orgeat.
1 cuiller à bouche sirop de framboises.
1 cuiller à café jus de citron.
1/2 verre à liqueur curaçao.
1 verre à liqueur rhum.
1 verre à liqueur cognac.
Emplir aux 3/4 de glace pilée.
Adapter la timbale. Frapper.
Garnir de 2/2 tranches d'orange. Pailles.

RHUM PUNCH, COLD

Gobelet n° 3 :
1 cuiller à bouche sucre en poudre.
1 verre à liqueur d'eau.
1 cuiller à café jus de citron.
1 verre à madère de rhum.
Emplir aux 3/4 de glace pilée.
Adapter la timbale. Frapper.
Orner de fruits. Ronds d'orange. Pailles.

RHUM PUNCH, HOT

Dans le verre n° 7 réchauffé :
1 cuiller à bouche sucre en poudre.
2 traits jus de citron.
1 verre à liqueur de rhum.
Emplir d'eau très chaude. Remuer.
Orner 2/2 tranches de citron. Muscader.

SAUTERNES PUNCH

Même recette que pour Moselle punch, en employant du vin de Sauternes.

SHERRY PUNCH

Gobelet n° 3 :
1 cuiller à bouche sucre en poudre.
1 cuiller à café jus de citron.
2 traits curaçao.
1 verre à liqueur cognac.
1 verre à madère de xérès.
Emplir de glace pilée.
Adapter la timbale. Frapper.
Orner de fruits, ronds d'orange. Pailles.

SWEDISH PUNCH

Verre n° 7, 1/2 plein de glace pilée
2 traits angostura.
Emplir de Swedish Punch.
Servir. Courtes pailles.

TEA PUNCH, COLD

Gobelet nº 3, 1/2 plein de glace pilée :
1 cuiller à bouche sucre en poudre.
1 verre à liqueur cognac.
1 verre à liqueur rhum.
Emplir de thé froid.
Adapter la timbale. Frapper.
Une tranche de citron. Pailles.

TEA PUNCH, HOT

Dans une tasse en argent :
1 cuiller à café jus de citron.
1 cuiller à bouche sucre en poudre.
1 verre à liqueur rhum.
1 verre à liqueur cognac.
Mélanger. Allumer. Flamber.
Emplir de thé fort, très chaud. Cuiller.

TIP-TOP PUNCH

Gobelet nº 3, quelques morceaux de glace :
1 cuiller à café sucre en poudre.
1 cuiller à café jus d'orange.
1 verre à liqueur cognac.
1 tranche d'ananas en petits morceaux.
Emplir moitié champagne, moitié soda. Remuer à la cuiller. Orner fruits rouges. Pailles.

VANILLA PUNCH

Gobelet nº 3 :
1 cuiller à café de sucre en poudre.
1 cuiller à bouche jus de citron.
1 verre à liqueur cognac.
1/2 verre à madère crème de vanille.
Emplir aux 3/4 de glace pilée.
Adapter la timbale. Frapper.
Décorer de fruits rouges. Pailles.

WEDDING PUNCH
(Punch pour mariage)

Pour 12 personnes, dans un grand saladier :
1/2 ananas en morceaux.
1 verre à madère jus d'orange.
2 cuillers à bouche sucre en poudre.
1 bouteille porto rouge.
1 verre à madère crème de vanille.
1 verre à madère grenadine.
1 verre à madère curaçao.
1/4 bouteille de cordial-médoc.
1/2 bouteille de cognac.
250 grammes fruits de saison.
Rafraîchir sur glace 1 heure.
Au moment de servir, mettre un bloc de glace, bien propre, dans le milieu.
Ajouter 1 siphon d'eau de seltz et une bouteille de limonade gazeuse.
Remuer doucement et servir à la louche dans des coupes.

WHISKY PUNCH

Dans le verre n° 7 réchauffé :
1/2 cuiller à café jus de citron.
1 cuiller à bouche sirop de gomme.
2 traits curaçao.
1 verre à liqueur wkisky.
Emplir d'eau chaude. Tranche de citron.

XÉRÈS PUNCH

Voir plus haut : Sherry punch.

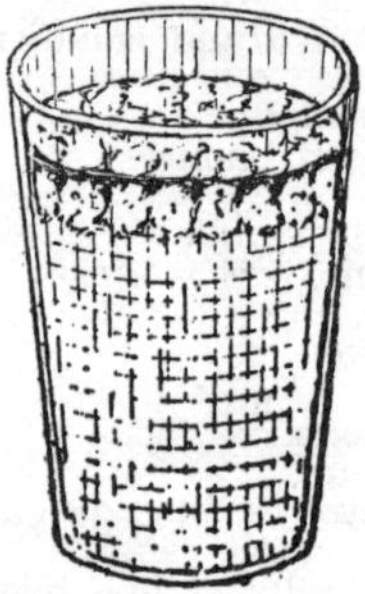

3 — 25

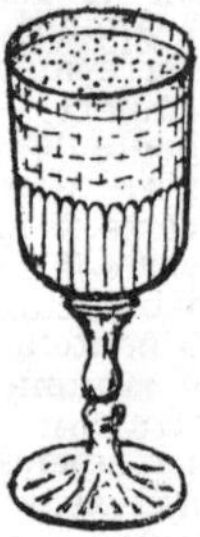

8 — 7

SANGAREES

Boisson froide, muscadée, se divisant en deux types :
Le **long** sangaree est à base de bière : ale, bitter, porter, stout ; le servir dans le verre nº 3.

Le **short** sangaree est à base de spiritueux, de liqueurs ou de vins liquoreux ; le servir dans le verre nº 8.

ALE SANGAREE

Gobelet nº 3, quelques morceaux de glace :
1 cuiller à café sucre en poudre.
1 cuiller à café d'eau pour dissoudre.
Emplir de pale ale bien fraîche.
Remuer. Muscader. Servir.

BRANDY SANGAREE

Dans la timbale au 1/4 de glace pilée :
1 cuiller à café sucre en poudre.
1 cuiller à café d'eau froide.
1/2 verre à madère de cognac.
Former le shaker. Frapper.
Passer dans le verre nº 8. Muscader. Servir.

GIN SANGAREE

Timbale au quart de glace pilée :
1 cuiller à café sucre en poudre.
1 cuiller à café d'eau froide.
1/2 verre à madère de gin.
Former le shaker. Frapper.
Passer dans le verre nº 8. Muscader. Servir.

PORTER SANGAREE

Gobelet nº 3 quelques morceaux de glace :
1 cuiller à café sucre en poudre.
1 cuiller à café d'eau pour dissoudre.
Emplir de porter bien frais.
Remuer. Muscader. Servir.

PORT-WINE SANGAREE

Timbale au quart de glace pilée :
1 cuiller à café sucre en poudre.
1 cuiller à café d'eau froide.
1/2 verre à madère de porto rouge.
Former le shaker. Frapper.
Passer dans le verre nº 8. Muscader. Servir.

RHUM SANGAREE

Timbale au 1/4 de glace pilée :
1 cuiller à café sucre en poudre.
1 cuiller à café d'eau froide.
1/2 verre à madère de rhum.
Former le shaker. Frapper.
Passer dans le verre nº 8. Muscader. Servir.

SHERRY SANGAREE

Timbale au 1/4 de glace pilée :
1 cuiller à café sucre en poudre.
1 cuiller à café d'eau froide.
1/2 verre à madère xérès.
Former le shaker. Frapper.
Passer dans le verre n° 8. Muscader. Servir.

STOUT SANGAREE

Gobelet n° 3, quelques morceaux de glace.
1 cuiller à café sucre en poudre.
1 cuiller à café d'eau froide pour dissoudre.
Emplir de stout bien frais.
Remuer. Muscader. Servir.

WHISKY SANGAREE

Timbale au 1/4 de glace pilée :
1 cuiller à café sucre en poudre.
1 cuiller à café d'eau froide.
1/2 verre à madère de whisky.
Former le shaker. Frapper.
Passer dans le verre n° 8. Muscader. Servir.

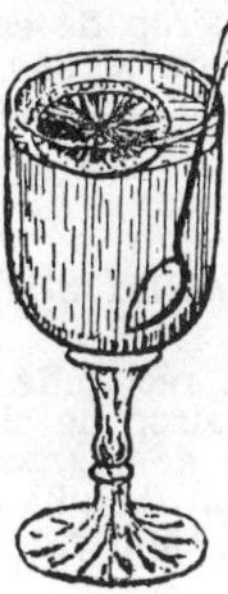

7 — 11

SHRUBS

Le shrub, variété de grog, est une boisson chaude, à préparation compliquée. On fait macérer des fruits, puis après cuisson on en clarifie l'extrait.

Les recettes suivantes sont pour le petit shrub. Pour un grand shrub, on doublera la dose d'extrait et celle du spiritueux, dans le verre nº 6.

Comme il ne faut jamais être embarrassé si l'on vous demande (par extraordinaire) un shrub : prenez un verre à grog, réchauffez-le, et servez, sans sourciller, tout simplement un bon grog au cognac.

Si l'on vous demande un shrub en spécifiant la liqueur ou le spiritueux, servez d'autorité un grog au produit indiqué.

Grog se traduit en anglais par grog ou par shrub, à volonté. Mais shrub signifie plus spécialement : grog préparé avec un extrait de fruits comme base.

BLACK CURRANT SHRUB

Dans le verre n° 7, réchauffé :
1 cuiller à bouche sirop de cassis.
1/2 verre à madère de cognac.
Emplir aux 3/4 d'eau bouillante.
Tranche de citron. Cuiller.

BRANDY SHRUB

Dans le verre n° 7, réchauffé :
1 cuiller à bouche sirop de citron.
1/2 verre à madère de cognac.
Emplir aux 3/4 d'eau bouillante.
Tranche de citron. Cuiller.

CHERRY SHRUB

Dans le verre n° 7, réchauffé :
1 cuiller à café sucre en poudre.
1/2 verre à madère Cherry Brandy.
Emplir aux 3/4 d'eau bouillante.
Tranche de citron. Cuiller.

RASPBERRY SHRUB

Dans le verre n° 7, réchauffé :
1 cuiller à bouche sirop de framboises.
1/2 verre à madère de cognac.
Emplir aux 3/4 d'eau bouillante.
Tranche de citron. Cuiller.

RED-CURRANT SHRUB

Dans le verre n° 7, réchauffé :
1 cuiller à bouche sirop de froseilles.
1/2 verre à madère de cognac.
Emplir aux 3/4 d'eau bouillante.
Tranche de citron. Cuiller.

RHUM SHRUB

Dans le verre n° 7, réchauffé :
1 cuiller à bouche sirop d'oranges.
1/2 verre à madère de rhum.
Emplir aux 3/4 d'eau bouillante.
Tranche d'orange. Cuiller.

WHISKY SHRUB

Dans le verre n° 7, réchauffé :
1 cuiller à bouche mélasse.
1/2 verre à madère whisky.
Emplir aux 3/4 d'eau bouillante.
Tranche de citron. Cuiller.

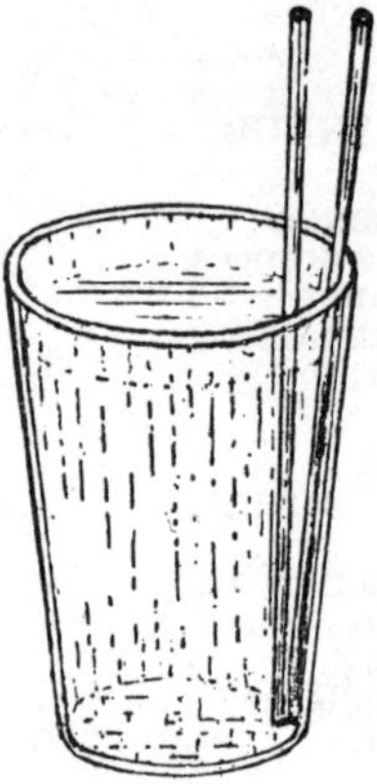

3 — 25

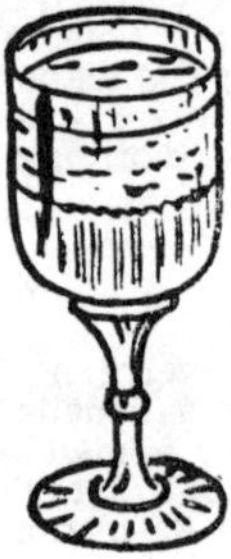

6 — 25

SLINGS

Le sling est une grande boisson, variété de grog, qu'il ne faut pas oublier de muscader.

Chaud, on le sert à l'eau bouillante, dans le verre nº 6, ou dans le verre nº 3, muni d'un porte-verre. Pour le préparer, réchauffer d'abord le verre.

Froid, on le sert à l'eau glacée, dans le verre nº 3 en y mettant quelques morceaux de glace ou de la glace pilée. Donner des pailles.

Si le client n'indique pas qu'il désire son sling chaud ou froid, il faut lui demander s'il le veut **hot or cold.**

BRANDY SLING

Dans le verre nº 3 ou 6 :
Un morceau de sucre dissous ou sirop.
Jus d'un quart de citron.
1 verre à madère de cognac.
Emplir d'eau bouillante ou glacée.
Zeste de citron. Muscader. Servir.

GIN SLING

Dans le verre n° 3 ou 6 :
Un morceau de sucre dissous ou sirop.
Le jus d'un quart de citron.
1 verre à madère de gin.
Emplir d'eau bouillante ou glacée.
Zeste de citron. Muscader. Servir.

HONEY SLING

Dans le verre n° 3 ou 6 :
Une cuiller à bouche de miel
Le jus d'un quart de citron.
1 verre à madère de cognac.
Emplir d'eau bouillante ou glacée.
Zeste de citron. Muscader. Servir.

RHUM SLING

Dans le verre n° 3 ou 6 :
Un morceau de sucre dissous ou sirop.
Le jus d'un quart de citron.
1 verre à madère de rhum.
Emplir d'eau bouillante ou glacée.
Zeste de citron. Muscader. Servir.

RUSSIAN SLING

Dans le verre n° 3 ou 6 :
Un morceau de sucre dissous ou sirop.
Le jus d'un quart de citron.
1 verre à madère de wodka.
Emplir d'eau bouillante ou glacée.
Zeste de citron. Muscader. Servir.

WHISKY SLING

Dans le verre n° 3 ou 6 :
Un morceau de sucre dissous ou sirop.
Le jus d'un quart de citron.
1 verre à madère de whisky.
Emplir d'eau bouillante ou glacée.
Zeste de citron. Muscader. Servir

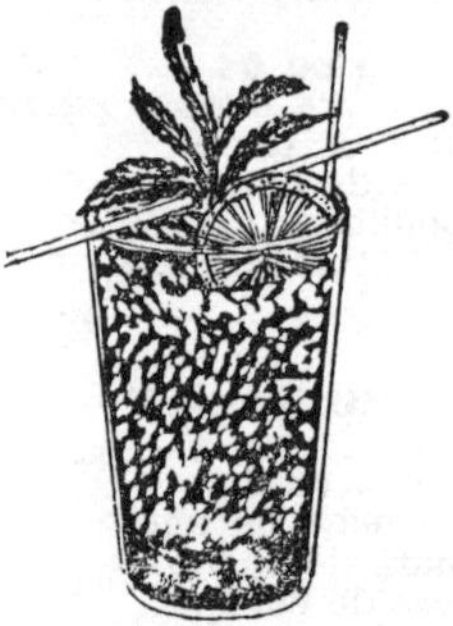

4 — 12

SMASHES

Cette boisson (short) à base de menthe fraîche, n'est qu'un petit julep. Mais alors que le julep peut être à base de spiritueux ou de vin, le smash doit être rigoureusement à base de spiritueux seulement.

BRANDY SMASH

Dans le verre n° 4 :
1 verre à liqueur d'eau.
1 cuiller à café sucre en poudre.
2 feuilles de menthe fraîche.
Les pilonner pour extraire le parfum.
1 verre à liqueur de cognac.
Retirer les feuilles pressées.
Emplir aux 3/4 de glace pilée. Remuer.
Décorer de fruits de saison et d'une nouvelle branche de menthe fraîche. Courtes pailles.

GIN SMASH

Dans le verre n° 4 :
1 verre à liqueur d'eau.
1 cuiller à café sucre en poudre.
2 feuilles de menthe fraîche.
Les pilonner pour extraire le parfum.
1 verre à liqueur de gin.
Retirer les feuilles pressées.
Emplir aux 3/4 de glace pilée. Remuer.
Décorer de fruits de saison et d'une nouvelle branche de menthe. Pailles.

KUMMEL SMASH

Dans le verre n° 4 :
1 verre à liqueur d'eau.
1 cuiller à café sucre en poudre.
2 feuilles de menthe fraîche.
Les pilonner pour extraire le parfum.
1 verre à liqueur de kummel.
Retirer les feuilles pressées.
Emplir aux 3/4 de glace pilée. Remuer.
Décorer de fruits de saison et d'une nouvelle branche de menthe. Pailles.

RUM SMASH

Dans le verre n° 4 :
1 verre à liqueur d'eau
1 cuiller à café sucre en poudre.
2 feuilles de menthe fraîche.
Les pilonner pour extraire le parfum.
1 verre à liqueur de rhum.
Retirer les feuilles pressées.
Emplir aux 3/4 de glace pilée. Remuer.
Décorer de fruits de saison et d'une nouvelle branche de menthe. Pailles.

WHISKY SMASH

Dans le verre n° 4 :
1 verre à liqueur d'eau
1 cuiller à café sucre en poudre.
2 feuilles de menthe fraîche.
Les pilonner pour extraire le parfum.
1 verre à liqueur de whisky.
Retirer les feuilles pressées.
Emplir aux 3/4 de glace pilée. Remuer.
Décorer de fruits de saison et d'une nouvelle branche de menthe. Pailles.

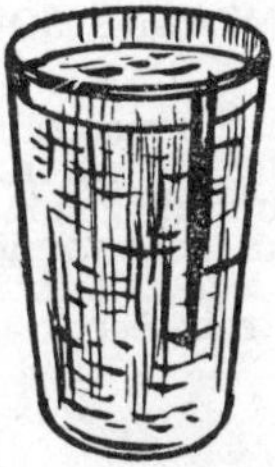

4 — 12

SOURS

Ainsi que son nom l'indique, cette boisson petite et froide, à base de jus de citron, doit être acide. La sucrer très peu ou même pas du tout.

Sour et **doux** sont deux mots qui hurlent d'être accouplés ensemble. Si un client sachant ce qu'il veut, mais ignorant ce qu'il dit, vous demandait un **sour doux,** soyez indulgent, et servez-lui un excellent **fizz** avec votre meilleur sourire.

Enfin le sour est une boisson froide, la préparer à chaud est une faute professionnelle qu'un vrai barman ne commet pas, car ce serait lui enlever son caractère spécial et l'assimiler au **sling.**

Verser doucement l'eau de seltz ou soda.

BRANDY SOUR

Gobelet nº 3 au 1/3 de glace pilée :
1/2 cuiller à café sucre en poudre.
1 verre à liqueur jus de citron.
3/4 verre à madère de cognac.
Adapter la timbale. Frapper.
Passer dans verre nº 4. Remplir de seltz ou soda. Servir avec ou sans fruits, mais toujours 1 zeste de citron.

CHAMPAGNE SOUR

Verre nº 4, 2 ou 3 petits morceaux de glace :
1 verre à liqueur jus de citron.
1/2 cuiller à café sirop de gomme.
Remplir lentement de champagne très sec.
Remuer doucement à la cuiller.
Ajouter zeste de citron. Servir.

CIDER SOUR

Verre nº 4, 2 ou 3 morceaux de glace :
1 verre à liqueur jus de citron.
1/2 cuiller à café sirop de gomme.
Emplir de cidre dur. Remuer à la cuiller.
Ajouter zeste de citron. Servir.

GIN SOUR

Gobelet nº 3, au 1/3 de glace pilée :
1/2 cuiller à café sucre en poudre.
1 verre à liqueur jus de citron.
3/4 verre à madère de gin.
Adapter la timbale. Frapper.
Passer dans le verre nº 4. Emplir seltz ou soda.
Décorer ou non. 1 zeste de citron. Servir.

RUM SOUR

Gobelet nº 3, au 1/3 de glace pilée :
1/2 cuiller à café sucre en poudre.
1 verre à liqueur jus de citron.
3/4 verre à madère de rhum.
Adapter la timbale. Frapper.
Passer dans verre nº 4. Emplir seltz ou soda.
Décorer ou non. 1 zeste de citron. Servir.

WHISKY SOUR

Gobelet nº 3, au 1/3 de glace pilée :
1/2 cuiller à café sucre en poudre.
1 verre à liqueur jus de citron.
3/4 verre à madère de whisky.
Adapter la timbale. Frapper.
Passer dans verre nº 4. Emplir seltz ou soda.
Décorer ou non. 1 zeste de citron. Servir.

WHITE-WINE SOUR

Gobelet nº 3, au 1/3 de glace pilée :
1/2 cuiller à café sirop de gomme.
1 verre à liqueur jus de citron.
1 verre à madère vin blanc sec.
Adapter la timbale. Frapper.
Passer dans verre nº 4. Décorer ou non. 1 zeste de citron. Servir.

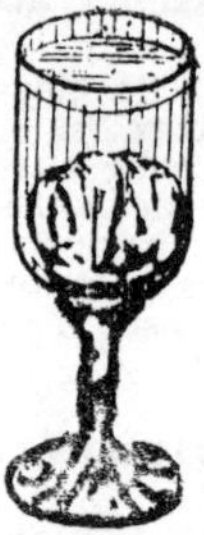

6 — 7

STRAIGHTS

Cette boisson est le pendant des liqueurs glacées. La différence est qu'ici on emploie un morceau de glace, au lieu de remplir le verre de glace pilée.

Dans tous les straights, on peut au préalable humecter le verre d'orange bitter ou d'angostura bitter. Ajouter un trait de sirop si le buveur en exprime le désir.

BRANDY STRAIGHT

Verre nº 8, humecté d'orange bitter :

1 morceau de glace dedans et le tendre au client avec la bouteille de cognac.

CORDIAL STRAIGHT

Verre nº 8, un morceau de glace dedans :

Tendre ce verre au client avec la boûteille de cordial médoc.

GIN STRAIGHT

Verre nº 8, humecté d'angostura :
1 morceau de glace dedans et le tendre au client avec la bouteille de gin.

RUM STRAIGHT

Verre nº 8, 1 morceau de glace dedans.
Tendre le verre et la bouteille de rhum.

WHISKY STRAIGHT

Verre nº 8, 1 morceau de glace dedans.
Tendre le verre et la bouteille de whisky.

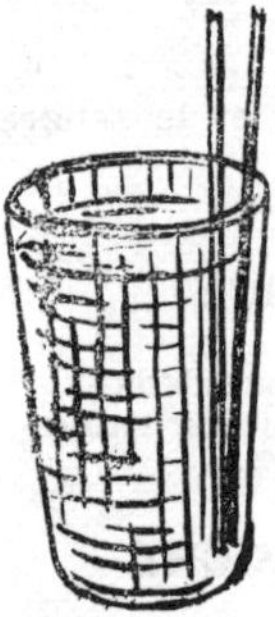

4 — 12

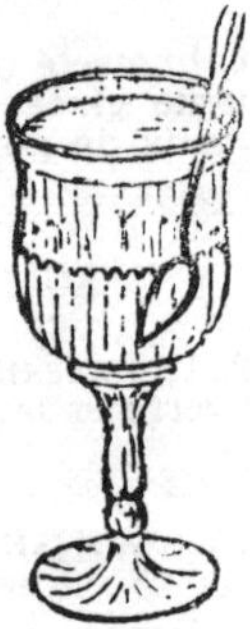

7 — 11

TODDIES

Le toddy, boisson mi-longue, genre de grog, se prépare de deux façons :

Froid, avec eau fraîche, quelques morceaux de glace. Servir avec chalumeaux.

Chaud, dans le verre réchauffé, avec eau bouillante. Servir avec petite cuiller.

En aucune circonstance on ne doit ajouter du citron : jus, tranche ou zeste dans un toddy. Si on l'orne d'une tranche d'orange, qu'elle ne soit pas acide.

ANIS TODDY ou ABSINTHE TODDY

Dans le verre n° 4 :
1 cuiller à café sucre en poudre.
1 cuiller à café d'eau pour dissoudre.
3 gouttes angostura.
1 verre à liqueur d'anis (ou d'absinthe).
1 cuiller à bouche de glace pilée.
Emplir d'eau froide. Remuer. Pailles.

BRANDY TODDY (Cold)

Dans le verre n° 4 :
1 cuiller à café sucre en poudre.
1 cuiller à café d'eau pour dissoudre.
3 gouttes angostura, 1 verre à liqueur cognac.
2 ou 3 morceaux de glace.
Emplir d'eau froide. Remuer.
Garnir d'une tranche d'orange. Pailles.

BRANDY TODDY (Hot)

Dans le verre n° 7, réchauffé :
1 cuiller à café sucre en poudre ou sirop.
3 gouttes angostura.
1 verre à liqueur cognac.
Emplir d'eau bouillante. Remuer.
Garnir d'une tranche d'orange. Petite cuiller.

CALVADOS TODDY (Cold)

Dans le verre n° 4 :
1 cuiller à café sucre en poudre.
1 cuiller à café d'eau pour dissoudre.
3 gouttes angostura.
1 verre à liqueur calvados.
2 ou 3 morceaux de glace.
Emplir de cidre frais. Remuer.
Garnir d'une tranche de pomme. Pailles.

CALVADOS TODDY (Hot)

Dans le verre n° 7, réchauffé :
1 cuiller à café sucre en poudre.
3 gouttes angostura.
1 verre à liqueur calvados.
Emplir d'eau bouillante. Remuer.
1 trenche de pomme. Muscader. Cuiller.

GIN TODDY (Cold)

Dans le verre n° 4 :
1 cuiller à café sucre en poudre.
1 cuiller à café d'eau pour dissoudre.
3 gouttes angostura.
1 verre à liqueur de gin.
2 ou 3 morceaux de glace.
Emplir d'eau froide. Remuer.
Garnir d'une tranche d'orange. Pailles.

GIN TODDY (Hot)

Dans le verre n° 7, réchauffé :
1 cuiller à café sucre en poudre ou sirop.
3 gouttes angostura.
1 verre à liqueur de gin.
Emplir d'eau bouillante. Remuer.
Une tranche d'orange. Petite cuiller.

KUMMEL TODDY

Dans le verre n° 4 :
1 cuiller à café sucre en poudre.
1 cuiller à café d'eau pour dissoudre.
3 gouttes angostura.
1 verre à liqueur Kummel.
1 cuiller à bouche de glace pilée.
Emplir d'eau froide. Remuer.
Garnir d'une tranche d'orange. Pailles.

RHUM TODDY (Cold)

Dans le verre n° 4 :
1 cuiller à café sucre en poudre.
1 cuiller à café d'eau pour dissoudre.
3 gouttes angostura.
1 verre à liqueur de rhum.
2 ou 3 morceaux de glace.
Emplir d'eau froide. Remuer.
Garnir d'une tranche d'orange. Pailles.

RHUM TODDY (Hot)

Dans le verre nº 7, réchauffé :
1 cuiller à café sucre en poudre.
3 gouttes angostura.
1 verre à liqueur de rhum.
Emplir d'eau bouillante. Remuer.
Garnir d'une tranche d'orange. Cuiller.

VELVET TODDY

Dans le verre nº 4 :
1 cuiller à café sirop d'orgeat.
3 gouttes angostura.
1 verre à liqueur cognac.
1 cuiller à bouche glace pilée.
Emplir d'eau froide. Remuer.
Garnir d'une tranche d'orange. Pailles.

WHISKY TODDY (Cold)

Dans le verre nº 4 :
1 cuiller à café sucre en poudre.
1 cuiller à café d'eau pour dissoudre.
3 gouttes angostura.
1 verre à liqueur de whisky.
2 ou 3 morceaux de glace.
Emplir d'eau froide. Remuer.
Orner d'une tranche d'orange. Pailles.

WHISKY TODDY (Hot)

Dans le verre nº 7, réchauffé :
1 cuiller à bouche sucre en poudre.
3 gouttes angostura.
1 verre à liqueur whisky.
Emplir d'eau bouillante. Remuer.
Orner d'une tranche d'orange. Cuiller.

BOISSONS DIVERSES

ne figurant pas dans les catégories précédentes et quelques recettes de buffet

ANISETTE GLACÉE

Verre nº 11, plein de glace pilée.
Verser dessus doucement l'anisette.
Servir avec courtes pailles.

ANTI-COLIC

1º Dans un verre à madère, moitié brou Brachet, moitié vieux rhum.

2º Effet plus immédiat et plus complet en ajoutant 1 cuiller à café d'élixir parégorique.

3º Cet élixir est aussi très actif dans une infusion de thé, tilleul, etc. Ne pas forcer la dose.

ANTI-IVRESSE

Une personne ayant abusé des bonnes boissons peut demander quelque chose pour se remettre.

La potion contre l'ivresse, formule ordinaire, est indiquée plus loin, voir : **TIPSY CURE.**

ARF AND ARF

Déformation de Half and half. (Voir ce titre.)

ATHOL BROSE

Verre nº 3, réchauffé :
1 verre à madère scotch whisky.
1 cuiller à bouche de miel.
Emplir de lait très chaud, non bouilli.
Servir. Petite cuiller.

BALTIMORE COFFEE

Gobelet nº 3, moitié plein de glace pilée :
1 cuiller à bouche sucre en poudre.
1 verre à liqueur marasquin.
Emplir aux 3/4 de café froid.
Finir avec lait froid. Adapter la timbale.
Frapper fort. Servir. Pailles.

BISHOP, au verre

Gobelet nº 3, 3/4 plein de glace pilée :
1 cuiller à bouche sucre en poudre.
Jus 1/2 orange et jus 1/4 citron.
Demi-verre à liqueur de rhum.
Emplir de vin rouge. Remuer.
Décorer tranche d'orange. Pailles.

BISHOP, provision

Préparer dans un récipient suffisant pour le nombre de personnes prévues, de façon à n'avoir plus qu'à verser dans les verres nº 3 aux trois quarts pleins de glace pilée

Multiplier les doses par le nombre de verres.

BISHOP AMERICAN

Gobelet nº 3, aux 3/4 plein de glace pilée.
1 cuiller à bouche sucre en poudre.
Jus 1/2 orange et jus 1/4 citron.
Demi-verre à liqueur de rhum.
Emplir de Porto. Remuer.
Orner tranche d'orange. Pailles.

BISHOP CARDINAL

Gobelet nº 3, aux 3/4 plein de glace pilée.
1 cuiller à café sucre en poudre.
Jus 1/2 orange et jus 1/4 citron.
Emplir de champagne. Remuer à la cuiller.
Décorer de fruits rouges. Pailles.

BISMARCK

Gobelet nº 3, moitié stout, moitié champagne.

BLACK MILK

Gobelet nº 4, réchauffé :
1 cuiller à bouche de mélasse.
1 verre à liqueur de rhum.
Emplir lait chaud. Remuer. Servir.

BLACK STRIPE (Cold)

Dans la timbale, un peu de glace pilée :
1 cuiller à café de mélasse.
1 cuiller à bouche d'eau.
1 verre à madère de rhum.
Fermer la timbale. Frapper fort.
Passer dans le verre nº 4. Servir.

BLACK STRIPE (Hot)

Gobelet nº 4, réchauffé :
1 cuiller à bouche de mélasse.
1 verre à madère de rhum.
Finir avec eau très chaude.
Muscader. Porte-verre.

BLANVY

Gobelet nº 4 :
Moitié vin blanc, moitié eau de Vichy.

BLANVY-CITRON

Gobelet nº 4 :
1 cuiller à bouche sirop de citron.
Finir moitié vin blanc, moitié Vichy.
Servir avec cuiller.

BLANVY-GUM

Gobelet n° 4 :
1 cuiller à bouche sirop de gomme.
Finir moitié vin blanc, moitié Vichy.
Servir avec petite cuiller.

BLUE-BLAZER

2 tasses à Tom and Jerry, réchauffées :
Dans l'une 1 verre à madère Scotch whisky et 1 verre à madère d'eau bouillante.
Allumer, et pendant que le liquide flambe, le verser dans l'autre tasse. Répéter plusieurs fois.
Ajouter 1 cuiller à café sucre en poudre.
Servir dans verre n° 4, réchauffé, ou verre à pied avec 1 zeste de citron. Porte-verre.
Il est prudent de s'exercer à verser d'une tasse dans l'autre avec de l'eau froide, avant de le faire avec un liquide enflammé, on pourrait se brûler.

BORDEAUX-CHAMPAGNE

Verre n° 7 :
Un petit morceau de glace.
Moitié bordeaux rouge, moitié champagne.

BOSSOM CARESSER

1° Timbale avec un peu de glace pilée :
1 cuiller à bouche sucre en poudre.
1 jaune d'œuf bien frais.
1 verre à madère de cognac.
Fermer la timbale. Frapper fort.
Passer dans verre n° 4. Muscader. Pailles.
Ceci est la recette originale, mais beaucoup de barmen préparent une variante comme suit :
2° Timbale à moitié pleine de glace pilée :
1 verre à liqueur du sirop demandé.
1 jaune d'œuf bien frais.
1/2 verre à liqueur de cognac.
1/2 verre à liqueur curaçao.
1 verre à liqueur de madère.
Doubler le shaker. Frapper fort.
Passer dans verre n° 4. Muscader. Pailles.

BRANDY AND SODA

Gobelet nº 3, quelques morceaux de glace.
Mettre une mesure de cognac ou tendre la bouteille au consommateur.
Demi-bouteille de soda. Sur pied à soda.

BRANDY COLLINS

Gobelet nº 2, quelques morceaux de glace :
1 cuiller à bouche sucre en poudre.
Jus demi-citron.
3/4 verre à madère de cognac.
Emplir seltz ou soda.
Remuer. Servir. Pailles.

BRANDY RYEKY

Verre nº 4, au quart plein de glace pilée ·
1 cuiller à bouche sucre en poudre.
Le jus d'un quart de citron.
1 verre à liqueur de cognac.
1/2 verre à liqueur Rye whisky.
Emplir soda ou seltz. Remuer à la cuiller.
Servir. Pailles.

BRULOT FRANÇAIS

Voir plus loin à French brûlot.

BUTTERED RUM

Voir plus loin à Hot Rum.

CALVADOS RYEKY

Verre nº 4, au quart plein de glace pilée :
1 cuiller à bouche sucre en poudre.
Le jus d'un quart de citron.
1 verre à liqueur de calvados.
1/2 verre à liqueur de Rye whisky.
Emplir seltz ou soda. Remuer à la cuiller.
Servir avec pailles.

CAXAÇA

Forte eau-de-vie de canne à sucre consommée par les noirs et mulâtres brésiliens.

CHAMPAGNE FRAPPÉ

Dans un seau à champagne :
1 bouteille debout non débouchée.
Mettre autour par couches successives glace fine et gros sel. Puis faire tourner le goulot comme un fuseau entre les deux mains étendues face à face. Répéter.
Pour déboucher, couper fils et ficelles, et retirer le bouchon en laissant le gaz sortir, sans bruit, la bouteille légèrement inclinée. Ne jamais faire sauter le bouchon.

CHAMPAGNE PICK-ME-UP

Gobelet n° 4, moitié plein de glace pilée :
Jus d'une demi-orange.
1 verre à liqueur curaçao.
1 verre à liqueur cognac.
Emplir de champagne. Remuer à la cuiller.
Garnir tranche orange et citron. Pailles.

CHOCOLAT AMBRÉ

Dans une tasse de chocolat au lait :
Ajouter gros comme un petit pois d'ambre pilé et un morceau de sucre.

COAXER

Timbale moitié pleine de glace pilée :
1 blanc d'œuf, 3 traits curaçao.
1/2 verre à liqueur marasquin.
1/2 verre à liqueur anisette.
1 verre à liqueur calvados.
Fermer la timbale. Frapper fort.
Passer dans verre n° 7. Muscader. Servir.

COGNAC BRULOT

Cognac flambé. (Voir French brûlot.)

COLUMBIA SKIN (Cold)

Timbale au 1/4 pleine de glace pilée :
1 cuiller à café sirop de gomme.
1/2 cuiller à café jus de citron.
2 traits d'orange bitter.
1 verre à liqueur de rhum.
Fermer le shaker. Frapper fort.
Passer dans verre n° 11. Servir.

COLUMBIA SKIN (Hot)

Gobelet n° 4, réchauffé :
1 cuiller à café sucre en poudre.
1/2 cuiller à café jus de citron.
2 traits d'orange bitter.
1 verre à liqueur de rhum.
Emplir aux 3/4 d'eau bouillante.

CORDIAL

Dans le verre n° 11 :
1/3 menthe verte.
3 traits vulnéraire suisse.
Finir avec bonne fine. Remuer. Servir.

COUGH MIXTURE

Gobelet n° 4, réchauffé :
1 cuiller à café de mélasse.
1 cuiller à café miel blond.
1 verre à liqueur de rhum.
Emplir de lait très chaud.
Petite cuiller. Servir.

COUPO SANTO

Dans une coupe à champagne :
1 verre à liqueur chartreuse jaune.
Emplir de champagne frappé. Servir.

DAME BLANCHE (Cold)

Gobelet nº 3, quelques morceaux de glace.
1 verre à madère d'orgeat.
Emplir de lait froid.
Remuer. Servir. Pailles.

DAME BLANCHE (Hot)

Gobelet nº 4, réchauffé :
1 cuiller à bouche d'orgeat.
Emplir de lait chaud.
Cuiller. Servir.

ÉLIXIR DE LONGUE-VIE

Dans le verre nº 3 :
1 cuiller à bouche de glace pilée.
1/2 verre à liqueur quinquina.
1/2 verre à liqueur extrait d'ananas.
1/2 cuiller à café miel fin.
1 verre à liqueur fine champagne.
Adapter la timbale. Frapper fort.
Passer dans verre nº 11. Servir.

EYE OPENER

Timbale au quart de glace pilée :
1 cuiller à café sucre en poudre.
1 jaune d'œuf, 3 traits curaçao.
3 traits absinthe ou anis.
1 verre à liqueur de rhum.
Fermer le shaker. Frapper fort.
Passer dans verre nº 11. Servir.

FINE DÉGUSTATION

Dans le verre à dégustation n° 14 :
Une mesure de la fine demandée.
Prendre le verre de façon à le réchauffer dans le creux de la main.
Au bout d'un instant, quand le parfum se dégage, humer lentement et savourer.

FOG CUTTER

Dans une tasse ou verre n° 4, réchauffé :
1 cuiller à bouche mélasse.
1 verre à madère de rhum.
Finir avec essence de café très chaud.

FRENCH BRULOT

1° Dans une casserole non étamée, ou dans un bol pouvant aller au feu :
1 litre d'eau-de-vie de vin.
Mettre dans une cuiller de fer ou d'argent 2 ou 3 morceaux de sucre, les imprégner, les allumer et promener à la surface.
Remuer de temps en temps et laisser brûler jusqu'à extinction. Sucrer suivant le goût avec sirop ou sucre fondu.
Servir dans des tasses ou dans des verres réchauffés, avec porte-verre.
Ne pas se servir d'ustensiles étamés ou en étain, car ce dernier fondrait à la chaleur.
2° On peut également faire le brûlot individuel, chacun flambant le sien dans sa tasse.
Eviter de se brûler les lèvres en buvant.
Généralement le brûlot se fait dans l'obscurité pour mieux voir les jeux de la flamme et ses reflets sur les visages des personnes qui entourent la table. On redonne la lumière quand le brûlot s'éteint.
Après un bon flambage, l'alcool est presque tout brûlé et disparu, il ne reste plus guère que l'arome et la saveur du liquide. C'est une boisson agréable, excellente pour le rhume, et qui ne grise pas plus qu'un punch ordinaire.

GIN AND HONEY

Dans le verre n° 7 :
1 cuiller à café de miel.
Demi-verre à madère de gin.
Servir avec petite cuiller.
Verre d'eau glacé en même temps.

GIN AND MILK

Verre n° 3, moitié plein de glace pilée :
1 cuiller à bouche sucre en poudre.
1/2 verre à madère de gin.
Adapter la timbale. Frapper fort.
Emplir de lait froid. Remuer. Servir.

GIN RYEKY

Verre n° 4, au quart plein de glace pilée :
1 cuiller à bouche sirop de sucre.
Jus d'un quart de citron.
1 verre à liqueur de genièvre.
1/2 verre à liqueur Rye whisky.
Emplir de soda ou seltz.
Remuer à la cuiller. Servir. Pailles.

GNIOLE

Nom donné à l'eau-de-vie par les poilus français pendant la guerre 1914-1919.

GRAPE-FRUIT (Iced)

Coupé en deux par le travers, chaque moitié dans un nid de glace pilée.
Piquer la chair partout à la fourchette, mais sans percer la peau.
Incorporer lentement 1 verre chartreuse jaune.
Saupoudrer de sucre vanillé. Servir. Cuiller.

HALF AND HALF

Dans le verre nº 3 :
Moitié stout, moitié pale ale.

HONEY AND MILK

1º Cold. Verre nº 3, 1/2 plein de glace pilée :
1 cuiller à bouche miel fin.
Adapter la timbale. Frapper.
Emplir de lait froid. Remuer. Servir.
2º Hot. Verre nº 4, réchauffé :
1 cuiller à bouche miel fin.
Emplir de lait bouillant.
Remuer. Cuiller. Servir.

HOT RUM

Verre nº 7, réchauffé, ou nº 4 :
1 cuiller à café sucre en poudre.
Demi-verre à madère de rhum.
Emplir d'eau bouillante.
Gros comme une noisette de beurre frais, dessus
Muscader. Servir.

HOT SPICED RUM

Verre nº 4, réchauffé, ou nº 7 :
1 cuiller à café sucre en poudre.
Demi-verre à madère de rhum.
1 forte pincée de « Quatre épices ».
Gros comme une noisette de beurre frais.
Emplir d'eau bouillante. Servir.

HYDROMEL

Verre nº 3, moitié plein de glace pilée :
1 cuiller à bouche miel fin.
Emplir d'eau. Adapter la timbale.
Frapper fort. Servir. Pailles.

HYDROMEL COMPOSÉ

On ajoute à l'hydromel vineux pendant la fermentation, des fruits, puis le parfum désiré. Cette boisson agréable a le goût et la saveur d'un bon vieux vin.

HYDROMEL VINEUX

Il est obtenu en faisant fermenter dans un tonneau du miel, de l'eau, de la levure de bière. Cette préparation est très longue et concerne le travail du caviste.

HYPOCRAS

Cette vieille boisson, délicieuse, peut être servie :
1° Pure dans un verre à madère, comme apéritif ou au début du repas.
2° Comme long drink.
Tumbler n° 3 moitié plein de glace pilée. Finir avec moitié hypocras et moitié eau gazeuse. Servir. Pailles.

HYPOCRAS BLANC

Concasser ensemble :
1 petit bâton de cannelle, 1 clou de girofle,
1 pincée de coriandre. Et mettre tout cela dans une cruche avec :
1 litre de bon vin blanc, 175 grammes de sucre,
2 zestes d'orange bigarade.
Laisser macérer 2 heures, bien fermé.
D'autre part, piler 6 amandes douces avec une cuiller à bouche de lait et les mettre dans le fond d'une chausse.
Filtrer l'hypocras plusieurs fois par-dessus les amandes. Quand bien clair, mettre en bouteille.

HYPOCRAS ROUGE

Concasser ensemble :
1 petit bâton de cannelle, 3 clous de girofle,

Demi-noix muscade, 3 feuilles de macis.
Ajouter 6 amandes un peu broyées.
Mettre le tout dans une cruche avec un litre de vin rouge.
200 grammes de sucre, 1 zeste de citron.
Laisser macérer 24 heures, bien fermé.
Passer 2 ou 3 fois à la chausse.
Quand bien net, mettre en bouteille.

ICED CHOCOLATE

Verre nº 3 ou 9 moitié plein de glace pilée :
Emplir de chocolat froid au lait.
Adapter la timbale. Frapper fort.
Laisser redescendre dans le verre.
Servir mousseux. Pailles.

ICED COFFEE

Voir : café glacé, aux Infusions.

ICED CREAM SODA

Verre nº 3, moitié plein de glace pilée :
1/2 verre à liqueur curaçao.
1/2 verre à liqueur crème de noyau.
1 verre à liqueur crème de vanille.
1 verre à madère de lait froid.
Adapter la timbale. Frapper fort.
Laisser redescendre dans le verre.
Finir avec soda ou seltz.
Remuer. Servir. Pailles.

ICED LIQUEURS

Verre nº 11 ou 14, plein de glace pilée :
Verser doucement la liqueur demandée.
Servir avec courtes pailles.
La liqueur peut être : Anisette, Bénédictine, Brandy, Chartreuse, Curaçao, Menthe, Prunelle, Vanille, etc.

ICED TEA

Thé glacé, voir aux Infusions.

JOHN COLLINS

Gobelet n° 2, quelques morceaux de glace :
1 cuiller à bouche sucre en poudre.
Jus demi-citron.
3/4 verre à madère de gin.
Emplir soda ou seltz.
Remuer. Servir. Pailles.

KISS-ME-QUICK

Gobelet n° 3, moitié plein de glace pilée :
1 cuiller à café sucre en poudre.
2 traits angostura, 2 traits curaçao.
1/2 verre à madère absinthe ou anis.
Emplir de soda ou seltz.
Remuer. Servir. Pailles.

KNICKERBOCKER

Timbale au quart de glace pilée :
Jus demi-citron et zeste.
1 cuiller à bouche sirop de framboises.
2 traits curaçao.
1 verre à liqueur de rhum.
Fermer la timbale. Frapper fort.
Passer dans verre n° 11. Servir.

KNOCK OUT

Verre n° 3, moitié plein de glace pilée :
1 cuiller à bouche sucre en poudre.
1 jaune d'œuf frais.
1 verre à liqueur whisky.
1 verre à liqueur Porto blanc.
Adapter la timbale. Frapper fort.
Emplir de champagne. Remuer à la cuiller.
Garnir de fruits et tranches d'orange.
Servir. Pailles.

LADIES' BLUSH

Timbale : 2 cuillers à bouche glace pilée.
2 traits de curaçao.
1/2 verre à liqueur marasquin.
1/2 verre à liqueur absinthe ou anis.
1/2 verre à liqueur d'eau.
Fermer le shaker. Frapper.
Passer dans verre n° 11. Courtes pailles.

LAIT DE POULE (Petit)

Verre n° 4, réchauffé :
1 cuiller à bouche sucre en poudre.
1 jaune d'œuf frais.
1 verre à liqueur cognac ou rhum.
Bien mélanger. Emplir de lait chaud.
Remuer. Muscader. Servir.
Pour un grand lait de poule, doubler les doses comme pour French Egg-Nog.

LIQUEURS GLACÉES

Verre n° 11 ou 14, plein de glace pilée.
Remplir en versant doucement la liqueur demandée. Servir. Courtes pailles.

LOCOMOTIVE COLD

Verre n° 3 :
1 cuiller à bouche de miel.
2 traits essence de girofle.
1 verre à liqueur curaçao.
1 jaune d'œuf frais.
1 verre à madère de bourgogne rouge.
Emplir de glace pilée. Adapter la timbale. Frapper. Muscader. Servir. Pailles.

LOCOMOTIVE HOT

Verre n° 6, réchauffé :
1 cuiller à bouche de miel.
2 traits essence de girofle.

1 verre à liqueur curaçao.
1 jaune d'œuf très frais.
Verser, en remuant, un verre à madère de bourgogne rouge très chaud. Bien mélanger.
Ajouter 1 verre à madère d'eau bouillante.
Remuer, muscader. Servir.

MACÉDOINE DE FRUITS AU CHAMPAGNE

Dans une coupe à champagne :
Fruits de saison en dés, 2 traits de cognac.
Saupoudrer d'un peu de sucre.
Emplir de champagne. Servir. Cuiller.

MACÉDOINE DE FRUITS AUX LIQUEURS

Dans une grande timbale à chemise :
Fruits de saison coupés.
Saupoudrer de sucre.
Arroser kirsch et marasquin (ou autres liqueurs demandées).
Vanille râpée. Rafraîchir sur glace.
Servir en coupes avec cuiller.

MAGNOLIA

Verre n° 3, moitié plein de glace pilée :
1 jaune d'œuf bien frais.
1 cuiller à café sucre en poudre.
1/2 verre à liqueur marasquin.
1 verre à liqueur cognac.
Adapter la timbale. Frapper fort.
Emplir de champagne sec.
Remuer à la cuiller. Servir. Pailles.

MAIDEN'S BLUSH

Timbale : 1 cuiller à bouche glace pilée.
1 verre à liqueur grenadine.
2 traits anis, 1 verre à liqueur gin.
Former le shaker. Frapper. Passer dans verre n° 11.

MAIDEN'S PRAYER

Timbale au 1/4 pleine de glace pilée :
2 traits curaçao, 2 traits menthe blanche.
Jus 1/4 citron, 1/2 verre à liqueur orgeat.
1 verre à liqueur crème de noyau.
Former le shaker. Frapper. Passer dans verre n° 4.
Emplir de champagne. Remuer. Servir. Pailles.

MANGUE FRAPPÉE

Coupée en deux en long.
Chaque moitié dans un nid de glace pilée.
Bien piquer la chair à la fourchette partout, mais sans percer la peau.
Incorporer 1 verre à liqueur anisette.
Saupoudrer de sucre vanillé. Servir avec petite cuiller.

MARC BRULOT

Dans une casserole non étamée ou dans un bol allant au feu :
1 litre eau-de-vie de marc de raisins.
Mettre dans une cuiller de fer 2 morceaux de sucre imprégnés d'alcool. Les allumer à la surface du bol. Remuer de temps en temps et laisser brûler jusqu'à extinction.
Sucrer au sirop ou sucre dissous.
Servir en tasses ou verres réchauffés.

MELON FRAPPÉ

Couper le melon aux 5/6 de sa hauteur de façon que la partie supérieure fasse couvercle avec la queue au-dessus. Enlever les graines.
Lever la chair à la cuiller et la détailler en gros dés, puis la remettre à l'intérieur.
Assaisonner de sucre en poudre et du vin ou des liqueurs demandés.
Mettre à rafraîchir sur glace 1 heure.
Envoyer sur socle de glace pilée.
Servir à la cuiller.

MELON AU PORTO

Enlever d'un coup de couteau circulaire la queue et la partie adhérente pour faire bouchon.
Enlever les graines à la cuiller.
Emplir de glace pilée, tassée.
Verser dedans le porto qui peut entrer.
Boucher avec la queue.
Servir sur socle de glace pilée.
Détailler en tranches comme un melon ordinaire.
Offrir du sucre en poudre.

MELON AU XÉRÈS

Même préparation que le précédent.
Employer du sherry en place de porto.

MENTHE FRAPPÉE
(Iced cream of mint)

Verre n° 11 ou 14, plein de glace pilée.
Emplir doucement de crème de menthe.
Servir. Courtes pailles.

MIXED BRULOT

Dans une casserole non étamée ou dans un bol allant au feu :
1/4 litre eau-de-vie de marc.
1/4 litre calvados. 1/4 litre cognac.
1/4 litre eau-de-vie de pêches ou prunes.
Mettre dans une cuiller de fer ou d'argent 2 morceaux de sucre imprégnés du mélange. Les allumer à la surface. Laisser flamber jusqu'à extinction en remuant de temps en temps.
Sucrer au sirop ou sucre dissous.
Servir en tasses ou verres réchauffés.

MOTHER'S MILK

Verre nº 3, moitié plein de glace pilée :
2 cuillers à bouche sirop d'orgeat.
1 jaune d'œuf bien frais.
1 verre à liqueur de cognac.
Emplir de lait froid.
Adapter la timbale. Frapper fort.
Laisser redescendre dans le verre.
Muscader. Servir. Pailles.

NIGHT CAP

Pour trois personnes :
Timbale au quart de glace pilée.
2 verres à liqueur cognac.
2 verres à liqueur curaçao.
2 verres à liqueur anisette.
1 jaune d'œuf frais.
Fermer la timbale. Frapper fort.
Passer dans 3 verres nº 11.
Pour une seule personne, on remplacera le jaune d'œuf par une cuiller à café de lait ou de crème.

ORANGE FRAPPÉE

Coupée en deux par le travers, chaque moitié dans un nid de glace pilée ; enlever les pépins visibles.
Piquer la chair partout à la fourchette, mais sans percer la peau.
Incorporer lentement 1 verre de Bénédictine.
Saupoudrer de sucre vanillé.
Servir avec petite cuiller.

PAMPLEMOUSSE

Voir : Grape-fruit.

PARATY

Eau-de-vie brésilienne, de canne à sucre

PEACH AND HONEY

Verre n° 11 :
1 cuiller à soupe de miel.
Emplir de peach brandy.
Remuer à la cuiller. Servir.

PÊCHE FLAMBÉE

Pelée, pochée au sirop de framboises, arrosée de kirsch et marasquin. Flambée en servant dans une petite cocotte ou sur une assiette.

PÊCHE AU PORTO

Pêche pelée, au besoin l'échauder vivement pour la peler nettement avec couteau et fourchette et la détailler en quartiers.
Mettre morceaux et noyau dans verre n° 6.
1 cuiller à café sucre en poudre.
1 verre à madère de porto frappé.
Servir avec petite cuiller.

PICK-ME-UP

Voir plus haut : Champagne pick-me-up.

POMPIER

Verre n° 6, 1 cuiller glace pilée :
1 verre à madère vin rouge.
1 verre à madère vermouth.
1 verre à madère eau fraîche.
Remuer. Servir. Pailles

PORT-WINE NÉGUS

Verre n° 7 réchauffé :
1 cuiller à café sucre en poudre.
1 verre à madère porto rouge.
Emplir d'eau bouillante. Zeste de citron.
Remuer. Muscader. Servir.

POSSET

1° Verre n° 4 réchauffé :
1 cuiller à bouche sucre en poudre.
Emplir moitié lait bouillant et moitié vin blanc chaud. Cuiller. Servir.

2° Pour plusieurs personnes, préparer dans un pot ou pichet et servir en verres réchauffés.

PRAIRIE OYSTER

Verre n° 10 (genre de pousse-l'amour) :
1/2 cuiller à café Worcestershire sauce.
1/2 verre à liqueur cognac.
1/2 cuiller à café vinaigre à l'estragon.
1 jaune d'œuf frais sans le briser.
1 diablotin de cayenne.
1 diablotin de sel de céleri.
3 traits d'angostura.
Ne pas mélanger. Boire d'un trait.

PRINCE OF WALES

Verre n° 3, au 1/3 plein de glace pilée :
1 cuiller à café sucre en poudre.
2 traits angostura.
1/2 verre à liqueur curaçao.
1 verre à madère de madère.
Adapter la timbale. Frapper fort.
Emplir de champagne. Servir. Pailles.

ROCK AND RYE

Verre n° 4 :
1 cuiller à bouche de sucre candi.
3/4 verre à madère Rye whisky.
1/2 verre à madère d'eau.
Bien mélanger à la cuiller. Servir. (On devrait employer du sucre de pommes.)

ROMAINE

Verre n° 4, au 1/3 plein de glace pilée :
1 cuiller à bouche d'orgeat.
1 verre à liqueur de rhum.
Emplir d'eau froide. Remuer. Servir. Pailles

RUMFUSTIAN

Dans la timbale :
1 cuiller à bouche sucre en poudre.
1 jaune d'œuf frais.
1 verre à liqueur de gin. Battre fortement.
Puis verser dans verre n° 5, réchauffé.
Emplir moitié bière bouillante et moitié xérès très chaud et remuer à la cuiller.
Muscader. Zeste de citron. Servir.

SALADE DE FRUITS

Dans un bol ou grande timbale :
Fruits de saison coupés, saupoudrés de sucre.
Arroser de cognac. Râper un peu de vanille.
Rafraîchir sur glace. Servir en coupes.

SALADE D'ORANGES

Dans un bol ou saladier :
Oranges pelées, détaillées en rondelles plutôt qu'en quartiers. Saupoudrer de sucre.
Arroser d'eau-de-vie et très peu d'eau.
Rafraîchir sur glace. Servir en coupes.
On peut aussi servir dans demi-écorce d'orange placée dans un nid de glace pilée.

SAM-WARD

Verre n° 11 ou 14, bien plein de glace pilée :
Emplir de chartreuse jaune.
Piquer un zeste de citron au milieu.
2 traits d'angostura dessus, sans mêler. Pailles.

SANDY HALVES

Verre n° 2, frotté au citron et givré au bord :
1 cuiller à café sucre en poudre.
Emplir moitié pale ale, moitié ginger ale, jusqu'au dessous du givre. Servir.

SHAKE UP

Dans un verre à liqueur :
2 traits d'absinthe ou anis.
Emplir d'arquebuse. Boire d'un trait.

SHANDY GAFF

Verre n° 2 :
Moitié pale ale, moitié ginger ale.
3 traits curaçao. Servir.

SHERRY AND BITTER

Verre n° 8 :
2 traits angostura bitter, bien humecter tout l'intérieur du verre ; s'il en reste, le jeter.
Emplir de xérès. Servir.

SHERRY AND EGG

1° Verre n° 7, humecter l'intérieur de xérès, puis mettre 1 jaune d'œuf bien frais.
Emplir de sherry sec. Servir.
2° Donner l'œuf entier s'il est demandé, mais sans briser le jaune.
Humecter l'intérieur du verre auparavant avec du xérès, pour empêcher l'œuf de coller.
Emplir de sherry. Servir.

SHERRY AND ICE

Verre n° 7 :
2 ou 3 petits morceaux de glace.
Emplir de sherry. Servir.

SHERRY NÉGUS

Verre n° 7, réchauffé :
1 cuiller à café sucre en poudre.
1 verre à madère de xérès.
Emplir d'eau bouillante. 1 zeste de citron.
Remuer. Muscader. Servir.

SLEEPER

Verre n° 6, réchauffé :
1 cuiller à bouche sucre en poudre.
1 verre à liqueur de rhum.
1 jaune d'œuf frais.
Jus demi-citron. Bien battre ensemble.

D'autre part, dans une casserole, faire bouillir : 1/4 litre d'eau, 2 clous de girofle, 1 morceau de cannelle, quelques graines de coriandre.

Verser dans verre n° 6, à travers la passoire.
Remuer. Servir.

SODA NÉGUS

Boisson effervescente, très agréable.
Dans une casserole, chauffer sans bouillir :
1 verre à madère de porto rouge.
1 cuiller à bouche sucre en poudre.
1 pincée de muscade. 1 clou de girofle.

Quand bien chaud, verser dans verre n° 6 réchauffé. Emplir soda ou seltz. Servir.

SOYER AU CHAMPAGNE

Verre n° 9, moitié plein de glace pilée :
1 cuiller à café jus d'orange.
2 traits marasquin.
1/4 verre à liqueur curaçao.
1 verre à liqueur grenadine.
Emplir de champagne. Remuer à la cuiller.
Décorer tranche d'orange. Servir. Pailles.

SPIDER

Dans le gobelet n° 1 :
1 gros morceau de glace.
4 traits d'angostura bitter.
2 tranches de citron.
1 verre à liqueur du spiritueux demandé.
Puis verser 1 bouteille ginger ale. Servir.
(Brandy spider, rhum spider, gin spider, etc.)

STONE FENCE (Cold)

Verre nº 3, quelques morceaux de glace :
1 verre à madère Bourbon whisky.
Emplir de cidre doux. Remuer. Servir.
(A défaut de cidre doux : sucrer un peu.

STONE FENCE (Hot)

Verre nº 3 ou nº 6, réchauffé :
1 cuiller à bouche sucre en poudre.
1 verre à madère Bourbon whisky.
Emplir de cidre bouillant. Remuer. Servir.

STONE WALL

Verre nº 2, quelques morceaux de glace :
1 cuiller à café sucre en poudre.
1 verre à liqueur whisky.
Demi-bouteille soda ou seltz.
Remuer. Zeste de citron. Servir. Pailles.

SUISSESSE

Timbale moitié pleine de glace pilée :
1 cuiller à bouche sucre en poudre. 1 blanc d'œuf.
2 traits grenadine. 1 verre à liqueur absinthe.
Former le shaker. Frapper. Passer dans verre nº 3.
Emplir seltz ou soda. Servir.

TASTER

Le taster est un grand verre à pied, de fin cristal, d'une contenance d'environ 1 litre et dont les amateurs se servent pour déguster la vieille fine champagne.

Passer le verre dans de l'eau tiède, l'essuyer soigneusement. Dans ce verre ainsi tempéré, verser une mesure de fine et agiter vivement le verre de façon à faire tourner la fine à l'intérieur aussi haut que possible.

Humer et déguster.

TIPSY CURE

Potion contre l'ivresse :

Acétate d'ammoniaque	10	grammes
Chlorure de sodium (sel)	4	—
Infusion concentrée de café	50	—
Sirop de gomme	20	—

Remuer. Boire en 2 fois, à 1/4 d'heure d'intervalle.

TIP-TOP

Verre n° 3, moitié plein de glace pilée :
1 verre à liqueur curaçao.
Emplir de champagne.
Orner 1/2 tranches orange, citron, ananas.
Remuer à la cuiller. Servir. Pailles.

TOM AND JERRY

1° Par personne :
2 tasses à Tom and Jerry, réchauffées.
Mettre dans l'une :
1 cuiller à bouche sucre en poudre.
1 cuiller à bouche d'eau pour dissoudre.
1 jaune d'œuf frais.
1/2 verre à liqueur de rhum.
1/2 verre à liqueur de cognac.
1 pincée de « Quatre épices ».
2 ou 3 clous de girofle.
Bien lier le tout à la cuiller.
Enlever les clous. Emplir d'eau bouillante.
Transvaser, de haut, plusieurs fois, d'une tasse dans l'autre, pour faire mousser.
Muscader. Servir.

2° Quantité. Recette de Jerry Thomas.
Dans certaines contrées, cette mixture était dénommée Jerry Thomas et non Tom and Jerry.
12 œufs, battre les blancs en neige ferme.
D'autre part battre les jaunes très liquides, puis les mélanger aux blancs et ajouter :
1/2 cuiller à café de « Quatre épices ».
1/2 cuiller à café de cannelle en poudre.
4 clous de girofle en poudre.
1/5 litre de rhum Jamaïque ou Santa-Cruz.

Epaissir avec du sucre en poudre, environ 2 kilos, à la spatule, jusqu'à consistance de pâte légère.

Une forte pincée de bicarbonate de soude empêchera le sucre de déposer au fond.

Pour servir : Verre nº 4, réchauffé :
1 cuiller à bouche du mélange ci-dessus.
1 verre à liqueur de cognac.
Emplir d'eau bouillante. Remuer.
Muscader. Porte-verre. Servir.
Ou servir dans la tasse ad hoc.

TOM COLLINS

Verre nº 2, 5 ou 6, morceaux de glace.
1 cuiller à bouche sucre en poudre.
Jus d'un demi-citron.
1 verre à madère old Tom gin.
Emplir de soda ou eau de seltz.
Remuer. Servir. Pailles.

TOUCH ME NOT

Timbale au quart de glace pilée.
Jus d'un quart de citron.
1/2 verre à liqueur curaçao.
1/2 verre à liqueur cassis.
1 verre à liqueur de rhum.
Fermer le shaker. Frapper fort.
Passer dans le verre nº 7.

TROU NORMAND

En Normandie, au milieu d'un long repas, ou après les tripes à la mode de Caen, lorsque la faim s'apaise, on a l'habitude de boire un verre de calvados pour aiguiser à nouveau l'appétit. On appelle cela faire le trou normand.

Servir 1 verre à liqueur de calvados. D'aucuns préfèrent un verre à madère de vieux cavaldos.

Dans nos dîners d'apparat, le trou normand est élégamment remplacé par le spoom, le granité, la neige, le punch, etc., servis avant le rôti.

USQUEBAUGH

50 grammes de cannelle, 30 grammes de muscade, 30 grammes de gingembre, 30 grammes de clous de girofle, 30 grammes de « Quatre épices ». Le tout en poudre et macéré pendant 8 jours dans 4 litres d'Irish whisky.

D'autre part, dissoudre 7 grammes de safran et 30 grammes de colle de poisson dans 1 verre de vin blanc couvert, pendant 8 jours aussi. Mélanger à l'autre et filtrer.

D'autre part encore, dissoudre 500 grammes de sucre candi dans 1/2 litre d'eau, filtrer.

Mélanger le tout. Ajouter 15 grammes de teinture de rhubarbe. Filtrer à la chausse.

VIE EN ROSE

Verre nº 3, moitié plein de glace pilée :
1 verre à liqueur de grenadine.
Le jus d'un quart de citron.
1 verre à liqueur de kirsch.
Adapter la timbale. Frapper fort.
Ajouter soda ou eau de seltz.
Remuer. Servir. Pailles.

WHISKY AND SODA

Gobelet nº 3 :
Un morceau de glace, si demandé.
1 mesure de whisky, ou la bouteille.
1 soda débouché, sur pied.

WHISKY COLLINS

Verre nº 2, 5 ou 6 morceaux de glace :
1 cuiller à bouche sucre en poudre.
Jus demi-citron.
1 verre à madère de whisky.
Emplir de soda ou seltz.
Remuer. Servir. Pailles.

WHISKY RYEKY

Verre n° 4, au 1/4 plein de glace pilée :
1 cuiller à bouche sucre en poudre.
Jus d'un quart de citron.
1 verre à liqueur Rye whisky.
Finir avec soda ou seltz.
Remuer. Servir. Pailles.

WHISKY SKIN (Cold)

Timbale au quart de glace pilée :
1 cuiller à café sirop de gomme.
1/2 cuiller à café jus de citron.
2 traits d'orange bitter.
1 verre à liqueur de whisky.
Fermer le shaker. Frapper fort.
Passer dans verre n° 11. Servir.

WHISKY SKIN (Hot)

Gobelet n° 4, réchauffé :
1 cuiller à café sucre en poudre.
1/2 cuiller à café jus de citron.
2 traits d'orange bitter.
1 verre à liqueur de whisky.
Emplir aux 3/4 d'eau bouillante. Servir.

WHISKY SPIDER

Dans le grand gobelet n° 1 :
4 traits d'angostura bitter.
2 tranches de citron.
1 verre à liqueur de whisky.
Finir avec bouteille ginger ale. Servir.

WHITE LION

Gobelet nº 4 :
1 cuiller à bouche de glace pilée.
1/2 cuiller à café sucre en poudre.
Jus 1/4 citron. Mettre le zeste.
3 traits de curaçao.
1/2 cuiller à café sirop de framboises.
1 verre à liqueur de rhum Santa-Cruz.
Mélanger à la cuiller.
Orner de 2 cerises. Servir.

WHITE PLUSH

Verre nº 3 :
1 verre à madère Rye whisky.
Emplir de lait froid.
Remuer. Servir.

YARAQUE
(ne pas confondre avec Arack)

Boisson alcoolique provenant de la fermentation de la pulpe des racines de Manioc ou Manihot, et dont les Indiens de l'Orénoque font une assez forte consommation.

TEMPERANCE DRINKS

(Boissons sans alcool)

Pour rendre cet ouvrage aussi complet que possible et afin d'éviter une nouvelle subdivision, quelques boissons comportant une légère addition de spiritueux ou de vin ont été, néanmoins, classées ici. Mais pour le véritable **abstainer** ou pour un enfant, il conviendra de supprimer l'alcool additionnel.

BAVAROISES

La Bavaroise était autrefois une boisson chaude, à base obligatoire d'infusion de thé, de lait chaud et sucrée au sirop de capillaire. Aujourd'hui, d'aucuns la servent chaude ou froide, à tous parfums, comme elle est demandée.

BAVAROISE A L'ANGLAISE

Pour 2 personnes :
Dans une casserole : 1 jaune d'œuf.
2 cuillerées à bouche de sucre en poudre.
Bien lier et mettre sur feu doux.
Verser en fouettant 1/3 litre d'infusion de thé brûlant et un verre à liqueur de rhum.
Continuer de fouetter. Quand la mousse monte, servir en tasses ou verres réchauffés.

BAVAROISE A L'EAU

Infusion de thé brûlante.
Sucrer avec sirop de capillaire.
Servir en tasse ou verre réchauffé.

BAVAROISE A L'ORGEAT

Eau bouillante ou thé brûlant.
1 verre à madère sirop d'orgeat.
Servir en tasse ou verre réchauffé.

BAVAROISE AU CAFÉ

Pour 2 personnes :
Dans une casserole, sur feu doux :
1 verre à madère de sirop de capillaire.
1 jaune d'œuf, fouetter pour lier.
Incorporer en fouettant 1/3 litre de café chaud.
Quand la mousse masque la spatule, servir en tasses ou verres réchauffés.

BAVAROISE AU CHOCOLAT

Pour 2 personnes :
Dans une casserole :
80 grammes de chocolat dissous dans un peu d'eau.
Battre un jaune d'œuf avec 1 verre à madère de sirop de capillaire et verser sur le chocolat en remuant.
Ajouter 1/3 litre de lait bouillant en fouettant toujours. Quand la mousse masque la spatule, servir en tasses ou verres réchauffés.

BAVAROISE AU LAIT

Moitié infusion de thé.
Moitié lait bouillant.
Sucrer avec sirop de capillaire.
Servir en tasse ou verre réchauffé.

BAVAROISE D'ORGEAT AU LAIT

1 verre à madère d'orgeat.
1 verre à madère thé chaud.
Emplir de lait bouillant.
Servir en tasse ou verre réchauffé.

CAFÉS

Le café est le fruit d'un arbre appelé caféier.

Les différentes sortes de cafés sont classées ici par ordre de qualité :

1° **Moka** (Arabie), petits grains jaunes, inégaux et ridés. **Java** (Ile), marrons, jaunes ou verts, gros grains allongés ;

2° **Martinique** (Ile), verts ou jaunes, moyens, allongés. **Mysore** (Inde), grains moyens bien fermés. Même qualité que le moka ;

3° **Bourbon** (Ile), verts ou jaunes, petits et ronds. Un peu moins bon que les précédents ;

4° **Brésil,** jaunes ou verts. Semblable, mais inférieur au Bourbon ;

5° **Cuba, Jamaïque, Porto-Rico** (Iles), tous inférieurs au Martinique ;

6° **Guadeloupe, Cayenne,** même observation.

Une seule sorte de grains ne fait pas de bon café, on en mélange ordinairement deux ou trois afin d'obtenir une belle couleur alliée à un bon arôme.

A Madagascar, et à la Côte d'Ivoire, on récolte maintenant d'excellent café.

PRÉPARATION

Il est inutile de donner ici les multiples façons de préparer le café. Ce qui importe, ce qu'il faut surtout empêcher, c'est la perte de l'arome et de la saveur pendant la confection et se servir de bons ingrédients. Pour cela ne moudre le café qu'au moment de s'en servir et ne moudre que du café récemment torréfié.

CAFÉ NOIR

Café ordinaire, sucré à volonté.

CAFÉ A LA CHICORÉE

La chicorée est moins chère que le café auquel elle donne de la couleur mais pas de parfum, au contraire, et le café semble plus amer. Cependant pour beaucoup de gens, amertume est synonyme de force et de qualité.

Pour savoir s'il y a de la chicorée dans le café moulu, en mettre une cuiller à café dans un demi-verre d'eau froide, secouer, le café surnage, la chicorée tombe au fond.

CAFÉ CRÈME

Café noir servi avec petit pot de crème fraîche. Dans certaines maisons cette crème n'est que du lait.

CAFÉ DOUBLE

Café filtre préparé en employant du café très chaud au lieu d'eau bouillante. N'en vaut pas mieux.

CAFÉ FILTRE

Ne donne un bon résultat que s'il est préparé avec de l'eau absolument bouillante, ce qui n'est jamais le cas quand on le prépare sur table. De plus, le café doit être bu très chaud et à petites gorgées : si le café passe trop vite il n'est pas bon, s'il passe lentement il n'est pas assez chaud, quelque précaution que l'on prenne, sur table, bain-marie ou autre.

CAFÉ GLACÉ

Gobelet nº 3, moitié plein de glace pilée :
1 cuiller à bouche sucre en poudre.
Emplir de bon café noir.
Adapter la timbale. Frapper fort.
Servir avec pailles. Verre nº 9 facultatif.
Les personnes qui l'aiment très sucré doivent prévenir car le sucre ajouté en morceaux ne fond que très lentement. Voir aussi : Baltimore (Boissons Diverses).

CAFÉ AU LAIT

En réalité devrait être préparé en faisant infuser le café dans du lait bouillant, en place d'eau ; mais presque partout on sert café ordinaire et lait chaud, à part, ou mélangés dans les proportions indiquées par le consommateur.

CAFÉ RÉCHAUFFÉ

Le café ne doit jamais bouillir, aucune infusion d'ailleurs ne doit bouillir. Bouilli il devient plus épais, plus amer et prend un mauvais goût. Pour réchauffer du café le mettre dans une casserole spécialement réservée pour cela et quand une écume blanche apparaît à la surface, jeter quelques gouttes d'eau froide dedans, retirer du feu et servir de suite. Pour éviter d'avoir à réchauffer du café, ce qui nuit toujours à sa qualité, il vaut mieux le tenir au chaud hermétiquement fermé dans un bain-marie, ou tout simplement en plaçant la cafetière dans une casserole d'eau bouillante sur le fourneau.

CAFÉ RUSSE

Préparé dans une cafetière à renversement qui ne laisse pas sortir l'arôme pendant la confection.

CAFÉ TURC

Est préparé avec du café pulvérisé au pilon dans un mortier. Le moulin, si fin soit-il, ne fait jamais aussi bien.

Le matériel, tout à fait spécial, consiste en petites casseroles à longue queue, semblables à celles des barmen pour faire chauffer la bière, mais plus petites. Elles sont larges à la base, très hautes et étroites au collet. Les tasses minuscules sont placées sur des pieds. Généralement on boit plusieurs tasses.

Mettre une casserole de grandeur suffisante sur le réchaud avec 2/3 d'eau et une pincée de sucre. Les Orientaux ne prennent pas de sucre. Quand l'eau va bouillir ajouter le café en poudre, une petite cuiller à café par personne. Tenir la casserole par sa longue queue et dès que le café monte la retirer du feu et balancer largement en l'air. Certains frappent de petits coups sur la casserole, mais il vaut mieux balancer pour faire redescendre. Remettre sur le feu et faire monter ainsi 3 fois. Verser aussitôt dans les petites tasses. Boire de suite et commander les tasses suivantes. Ce café doit être consistant comme une crème légère. Pour ne pas donner le temps de déposer, il faut donc préparer sur table.

Pour les Européens non habitués, 2 ou 3 gouttes d'eau froide jetées dans la cassrole, à la fin, feront déposer en partie le café qui sera moins épais, mais perdra ainsi son caractère. Qui a bu le bon caoua bien préparé par un bon caouadgi n'en veut plus d'autre. Mais il est nécessaire d'insister, le café moulu ne fera jamais d'aussi bon caoua que s'il est pulvérisé au mortier et devenu impalpable.

Servir à part sucre candi et verre d'eau froide.

CAFÉS COMPOSÉS

Servir en tasse, mazagran ou verre de 14 centil.

BISTOUILLE

Café chaud sucré, arrosé de l'alcool indiqué.

CHAMPOREAU

Café chaud sucré, arrosé de rhum.

GLORIA

Café chaud sucré, arrosé d'eau-de-vie.

MAZAGRAN

Autrefois : 1/2 café sucré, 1/2 eau chaude.
Aujourd'hui : café sucré arrosé de cognac.

NUAGE

Verre à mazagran.
Presque plein de café chaud sucré.
Ajouter très peu de lait chaud.

CAFÉ VIENNOIS

1° Verre n° 3 ou 9, pas de glace :
Emplir presque de café frappé, sucré.
2 cuillers à bouche lait froid. Remuer.
Décorer d'un dôme de crème fouettée sucrée.
Servir avec cuiller et pailles.

2° Autre recette :
Faire bouillir 1/4 litre de crème et 80 grammes de sucre. Incorporer 1 litre forte infusion de café chaud. Laisser refroidir. Servir frappé en verres ou tasses. Surmonter d'un dôme de crème Chantilly.

CAFÉ CHANTILLY ou LIÉGEOIS

Procéder comme pour Viennois.

SUBSTITUTE FOR CREAM

On a vu plus haut, aux boissons diverses (Night Cap), que l'on pouvait, dans certains cas, remplacer le jaune d'œuf par du lait ; voici une manière de remplacer la crème.

Blanc d'œuf battu en mousse, non pas en neige ferme, jusqu'à ce qu'il ait l'apparence de la crème ; ajouter une grosse noisette de beurre fondant, bien mélanger en battant pour empêcher de figer. Cette mixture bien faite peut remplacer la crème. Mais il est plus simple de donner tout bonnement un peu de bon lait concentré, non sucré, ce qui d'ailleurs a meilleur goût et une plus belle apparence.

JUS DE FRUITS

(Miel de raisin, Moût concentré, Grape sirup)

JUS DE POMMES (sans alcool)

1° Pour boisson mi-longue (small), verre n° 4 :
1 cuiller à bouche glace pilée.
1 cuiller à bouche jus de pommes.
1 cuiller à café sucre en poudre.
Finir avec eau froide. Remuer. Servir.

2° Pour boisson longue (large), verre n° 3 :
2 cuillers à bouche glace pilée.
2 cuillers à bouche jus de pommes.
1 cuiller à bouche sucre en poudre.
Finir avec eau froide. Remuer. Servir.

On peut également finir avec eau de seltz, soda, limonade, lait, etc.

On peut aussi sucrer avec un sirop au lieu du sucre en poudre. Parfumer d'un extrait, si demandé.

Décorer de fruits à volonté.

JUS DE RAISINS (sans alcool)

1° Pour boisson mi-longue, verre n° 4 :
1 cuiller à bouche glace pilée.
1 cuiller à bouche jus de raisins frais.
1 cuiller à café sucre en poudre.
Finir avec eau froide. Remuer. Servir.

2° Pour grande boisson, verre n° 3 :
2 cuillers à bouche glace pilée.
2 cuillers à bouche jus de raisins.
1 cuiller à bouche sucre en poudre.
Finir avec eau froide. Remuer. Servir.

On peut également finir avec soda, eau de seltz, limonade, eau minérale, etc.

On peut aussi sucrer avec un sirop au lieu du sucre ordinaire. Parfumer d'un extrait, si demandé.

Décorer de fruits à volonté.

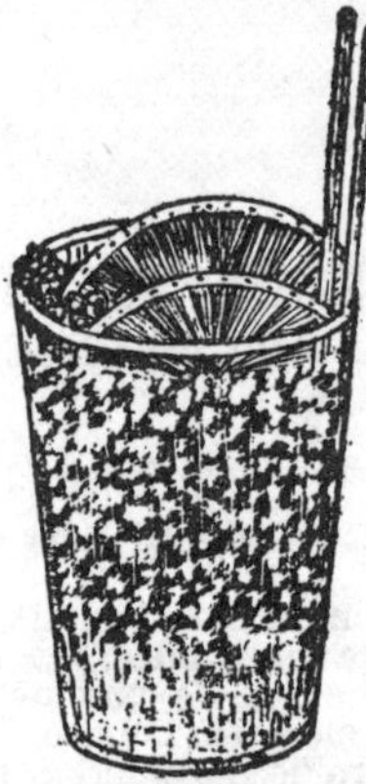

2 — 33 3 — 25

LIMONADES et ORANGEADES

Dans les cafés-concerts, théâtres, etc., où l'on est souvent obligé de servir beaucoup de personnes en peu de temps, il sera avantageux de préparer à l'avance la limonade et l'orangeade, en ayant soin de les tenir au frais jusqu'au moment de les servir.

CITRONNADE

Verre nº 3, 1/2 plein de glace pilée :
Jus d'un citron, 1/2 verre à madère sirop de citron.
Emplir 3/4 d'eau froide. Tranches citron. Pailles.

CLARET LEMONADE

Verre nº 2, 1/2 plein de glace pilée :
Jus 1 citron, 1 cuiller à bouche sucre en poudre.
1 verre à bordeaux vin rouge.
Adapter la timbale. Frapper.
Emplir d'eau froide. Pailles.

DELIGHT LEMONADE

Gobelet nº 2, mettre dans le verre :
1 glace citron et orange panachée.
1 verre à liqueur cordial d'orange.
Emplir seltz ou soda. Servir. Cuiller. Pailles.

EGG LEMONADE

Verre nº 2, moitié plein de glace pilée :
1 cuiller à bouche sucre en poudre.
Jus demi-citron, 1 œuf frais entier.
Adapter la timbale. Frapper fort.
Finir soda ou seltz. Muscader. Pailles.

FANCY LEMONADE

Verre nº 2, au 1/4 plein de glace pilée :
Jus 1/2 citron, 1 cuiller à bouche sucre en poudre.
1 cuiller à bouche sirop de framboises.
Décorer tranches de citron. Fruits.
Emplir seltz ou soda. Remuer. Servir. Pailles.

GINGER LEMONADE
(Parfois servie sous le nom de ginger ale Cooler)

Verre nº 2, quelques morceaux de glace :
Jus d'un citron, 1 cuiller à bouche sucre en poudre.
Emplir 3/4 de ginger ale.
Remuer. Tranche citron. Pailles.

LEMON SQUASH

Verre nº 2, quelques morceaux de glace :
Jus 1 citron, 1 cuiller à bouche sucre en poudre.
Emplir seltz ou soda. Tranche citron. Pailles.

LIMONADE PROVISION

Dans une carafe : 1/2 litre jus de citrons ou de limons, 1/2 litre sirop de gomme. Bien mélanger. Tenir au frais.

Pour servir : verre n° 3, 1/3 plein de glace pilée.
1 verre à madère de la préparation.
Emplir d'eau fraîche. 2/2 tranches citron. Pailles.

LIMONADE SIMPLE (Plain lemonade)

Verre n° 2, avec ou sans glace :
Jus 1 citron, 1 cuiller à bouche sucre ou sirop.
Emplir d'eau froide. Tranche de citron. Pailles.

ORANGEADE

Verre n° 2, quelques morceaux de glace :
Jus 1 orange, 1 cuiller à bouche sucre ou sirop.
Emplir d'eau froide. Tranche d'orange. Pailles.

En général, tous les procédés indiqués pour le citron peuvent s'appliquer à l'orange.

ORANGEADE PROVISION

Dans une carafe : 65 centilitres jus d'orange et 35 de sirop de gomme. Mélanger. Tenir frais.

Pour servir : verre n° 3, au 1/3 plein de glace pilée.
1 verre à madère de la préparation.
Emplir d'eau froide. 2/2 tranches orange. Pailles.

ORGEAT LEMONADE

Verre n° 2, 1/3 plein de glace pilée :
Jus 1/2 citron, 1 verre à madère d'orgeat.
Emplir 3/4 d'eau froide. Remuer. Décorer. Pailles.

SHERRY LEMONADE

Verre n° 3, moitié plein de glace pilée :
Jus 1/2 citron, 1 cuiller à bouche sucre ou sirop.
1 verre à madère xérès. Emplir d'eau froide.
Remuer. Orner de fruits. Tranche citron. Pailles.

SODA LEMONADE

Verre nº 2, quelques morceaux de glace :
Jus 1 citron, 1 cuiller à bouche sucre en poudre.
Emplir de soda. Remuer. Tranche citron. Pailles.
La différence avec le lemon squash, c'est qu'ici le soda-water est obligatoire

SODA NECTAR

Verre nº 2, quelques morceaux de glace :
Jus 1 citron, 1 cuiller à bouche sucre ou sirop.
Emplir aux 3/4 seltz ou soda. 1/2 cuiller à café de bicarbonate de soude. Remuer. Boire effervescent.

MATÉ

Le nom vient du récipient dans lequel se fait l'infusion et dans lequel on la boit aussi : le **Maté,** petite courge, spécialement formée pendant sa croissance pour cet usage.

Le maté, boisson nationale de divers Etats de l'Amérique du Sud, Brésil, Paraguay, Uruguay, Argentine, etc., est une infusion (genre thé), tonique, nutritive et diurétique, très économique.

La plante **ilex paraguensis** (feuilles et branches) est torréfiée à l'étouffée comme le charbon de bois, puis pulvérisée dans un mortier. Quand la poudre est bien sèche, on en met une forte pincée dans la gourde, avec ou sans sucre, et l'on verse de l'eau bouillante ; au bout de quelques minutes, on peut boire. La même poudre peut servir à plusieurs reprises, le parfum se développant de plus en plus jusque vers la dixième infusion.

Pour boire, on introduit dans la gourde un chalumeau à pied rond percé de petits trous ou terminé par une petite boule tressée à mailles très serrées, et qui sert de passoire.

On aspire par le tube et quand la gourde est vide, on remet de l'eau bouillante et du sucre. Le maté se prend en famille, en réunion ; on se passe, à la ronde, la gourde et le chalumeau sans l'essuyer.

Aujourd'hui, on fait usage de gourdes et chalumeaux métalliques, en nickel, argent, etc. ; mais la manière de boire est restée la même, à tour de rôle.

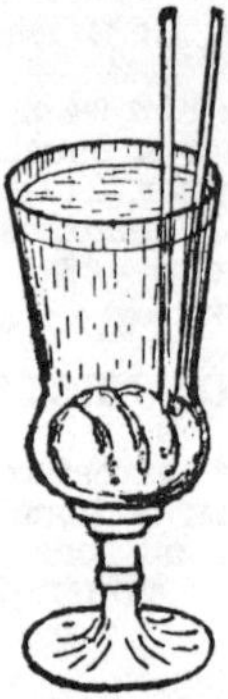

9 — 25

MELTINGS
(Fondants)

Chez le café-glacier, de même que chez le pâtissier-glacier, en mangeant des gâteaux, on boit ces glaces diluées, très agréables, parfumées et rafraîchissantes, et qui n'ont pas l'inconvénient de congestionner comme les glaces consommées pures. L'estomac et les dents s'en trouvent bien, et même mieux que des sorbets et granités.

Les glaces du jour peuvent être : ananas, café, cerises, chocolat, citron, fraises, framboises, groseilles, mandarine, orange, pistache, vanille, violette, etc.

D'ordinaire, on emploie de l'eau fraîche ; mais sur demande on peut donner : soda, eau de seltz, lait, thé froid, limonade, cidre, vin, champagne, etc.

C'est pour les personnes abstinentes tout un choix de délicieuses boissons pendant les chaleurs d'été ou dans l'atmosphère surchauffée de réunions nombreuses. Quant aux autres personnes, l'addition d'un verre à liqueur de spiritueux ou de liqueur fera de ces breuvages déjà exquis de véritables nectars.

On pourra également orner du fruit frais correspondant à la glace, s'il est de saison.

Autant que possible servir dans un verre à pied, le nº 9 de préférence.

ANANAS SODA MELTING

Dans le verre nº 9 :
1 glace à l'ananas.
Emplir aux 3/4 de soda-water.
Servir avec cuiller et pailles.

CAFÉ FONDANT

Dans le verre nº 9 :
1 glace au café.
Emplir aux 3/4 d'eau fraîche.
Servir avec cuiller et pailles.

FRAISES FONDANTES
(Sparkling-Strawberries)

Dans le verre nº 9 :
1 glace aux fraises.
Emplir aux 3/4 de limonade gazeuse.
Servir avec cuiller et pailles.

GROSEILLES FONDANTES

Dans le verre nº 9 :
1 glace aux groseilles.
Emplir aux 3/4 d'eau de seltz.
Servir avec cuiller et pailles.

INDIAN MELTING

Dans le verre nº 9 :
1 glace à l'ananas.
Emplir aux 3/4 de thé froid.
Servir avec cuiller et pailles.

LEMON SODA MELTING

Dans le verre nº 9 :
1 glace au citron.
Emplir aux 3/4 de soda-water.
Servir avec cuiller et pailles.

MANDARINE MELTING

Dans le verre nº 9 :
1 glace mandarine.
Emplir 3/4 d'eau fraîche.
Servir avec cuiller et pailles.

MILKY CHOCOLATE MELTING

Dans le verre nº 9 :
1 glace au chocolat.
Emplir 3/4 de lait froid, à la passoire.
Servir avec cuiller et pailles.

MIXED FONDANT

Dans le verre nº 9 :
Les glaces demandées 1/2 ou 1/3 de chacune.
Emplir 3/4 d'eau fraiche.
Servir avec cuiller et pailles.

ORANGE FONDANT

Dans le verre nº 9 :
1 glace à l'orange.
Emplir aux 3/4 d'eau de seltz.
Servir avec cuiller et pailles.

PANACHÉ MELTING

Dans le verre nº 9 :
Les glaces demandées. 1/2 ou 1/3 de chacune.
Emplir aux 3/4 d'eau fraiche.
Servir avec cuiller et pailles.

PISTACHE FONDANT

Dans le verre nº 9 :
1 glace à la pistache.
Emplir aux 3/4 d'eau de seltz.
Servir avec cuiller et pailles.

RASPBERRIES MELTING

Dans le verre nº 9 :
1 glace aux framboises.
Emplir aux 3/4 d'eau fraîche.
Servir avec cuiller et pailles.
(Très bon avec vin blanc en place d'eau.)

SPARKLING CHERRIES FONDANT

Dans le verre nº 9 :
1 glace aux cerises.
Emplir aux 3/4 eau de seltz.
Servir avec cuiller et pailles.

VANILLA FONDANT

Dans le verre nº 9 :
1 glace vanille.
Emplir aux 3/4 d'eau fraîche.
Servir avec cuiller et pailles.

VIOLETS MELTING

Dans le verre nº 9 :
1 glace aux violettes.
Emplir aux 3/4 d'eau fraîche.
Servir avec cuiller et pailles.

WINE ET CURRANT MELTING

Dans le verre nº 9 :
1 glace aux groseilles.
Emplir aux 3/4 de vin blanc.
Servir avec cuiller et pailles.

SIROPS

Sur demande, tous les sirops peuvent être additionnés d'un verre à liqueur d'un spiritueux approprié et s'en trouveront grandement améliorés, tels que : ananas et fine champagne, grenadine et kirsch, orgeat et rhum, etc.

ABRICOTS

Verre nº 6, quelques morceaux de glace :
1 verre à madère sirop d'abricots.
Finir avec eau fraiche ou seltz.
Remuer. Paillles. Servir.

ANANAS

Verre nº 6, quelques morceaux de glace :
1 verre à madère sirop d'ananas.
Finir avec eau fraîche ou seltz.
Remuer. Servir. Pailles.

CACAO

Verre nº 6, quelques morceaux de glace :
1 verre à madère de crème de cacao.
Finir avec eau fraîche ou seltz.
Remuer. Servir. Pailles.

SIROPS DIVERS

Pour éviter les répétitions, servir de même que cidessus, tous sirops ou crèmes :

Anisette, cassis, citron, fraises, framboises, gomme, grenadine, groseilles, menthe, moka, orange, orgeat, pêches, sucre, vanille, etc.

Il va sans dire que l'on peut substituer de la glace pilée à celle en morceaux, ou du soda, ou de la limonade à l'eau fraîche ou de seltz.

THÉS

Le thé, arbrisseau de Chine et du Japon, fut aussi acclimaté au Brésil. Sa culture a pris aux Indes une extension considérable.

La boisson est obtenue par l'infusion des feuilles desséchées.

Quelle que soit leur origine, les thés qui voyagent par mer perdent toujours un peu de leur qualité aromatique. Les meilleurs sont ceux appelés « thés de caravane » venant par route terrestre de Chine en Russie. Après ceux-ci les plus estimés sont :

Thés verts : Assam, Schulang, Hysson.

Thés noirs : Souchong, Pakao, Ceylan.

De même que pour les cafés, il est bon d'harmoniser les thés par le mélange.

PRÉPARATION

En France, le thé est généralement mal préparé, voici la meilleure manière :

Autant que possible une théière en terre vernissée, ne servant qu'à cet usage. A défaut, en porcelaine, métal, ou émaillée en bon état.

Verser un verre d'eau bouillante. Couvrir. Agiter pour mouiller tout l'intérieur de la théière et la chauffer. Attendre une minute. Jeter cette eau. Aussitôt mettre la dose de thé pour le nombre de tasses (1 petite cuiller à café par personne). Verser un peu d'eau bouillante dessus, juste assez pour couvrir le thé. Couvrir et laisser infuser 3 minutes. Puis ajouter l'eau bouillante nécessaire. Servir tout de suite, sinon l'amertume dominera le parfum.

L'eau qui a bouilli trop longtemps, ou plusieurs fois, ne fait pas d'aussi bon thé que celle bouillie pour la première fois et au moment de l'employer.

ICED TEA. THÉ GLACÉ

Verre n° 9 ou 3, moitié plein de glace pilée :
1 cuiller à bouche sucre en poudre.
Emplir de thé froid très fort.
Adapter la timbale. Frapper.
Servir mousseux. Pailles.

THÉ A LA CRÈME

Servir en même temps que le thé ordinaire un petit pot de crème fraîche.

THÉ AU LAIT

Ajouter au thé, dans la tasse, un peu de lait chaud, ou de préférence froid.

THÉ AU RHUM

Infusion de thé, sucrée, arrosée de rhum.

RECEPTION TEAS

« AT HOME » TEA

Boissons : Thé, café, lait, chocolat, claret cup et champagne cup.

Aliments : Sandwiches variés. Pain beurré. Petits fours. Gâteaux. Glaces diverses. Fruits à la crème. Macédoines.

FAMILY TEA

Thé, lait, pain, beurre, toast, confitures, gâteaux, compotes, crevettes, salades nature, céleri.

HIGH TEA

Thé, café, lait, chocolat, vins.
Mayonnaises de poissons. Viandes froides. Salades Compotes. Savouries. Fruits frais.

SIMPLE TEA

Thé, lait. — Pain, beurre. Toast. Confitures.

INFUSIONS DIVERSES

Dans une théière la dose nécessaire pour le nombre de tasses, soit pour 1 personne :
Anis étoilé (badiane), une étoile brisée.
Boldo, une pincée.
Bourrache, une forte pincée.
Camomille, six fleurs.
Menthe, une pincée.
Quatre-fleurs, une forte pincée.
Sureau, une forte pincée.
Tilleul, une forte pincée.
Verveine, une forte pincée.
Ajouter l'eau bouillante, laisser infuser 5 minutes Servir. Sucre à part.
Eau de fleur d'oranger, à volonté.

THE BAR FOODS

ALIMENTS DU BAR

Amandes diablées.
Biscuits, crackers, water-biscuits, etc.
Brioches, cakes, croissants.
Fenouil, céleri en branches (en saison).
Fruits frais et confits, citrons, olives, oranges
Œufs frais et durs, ordinaires.
Œufs de pluvier ou vanneau (en saison).
Pailles au fromage. Pommes chips, etc.

SANDWICHES

Se composent ordinairement de deux tranches plates de pain de mie, beurrées et moutardées du côté intérieur ; et garnies de tranches minces de jambon, langue, pressed-beef, rosbif, veau, volaille, œufs durs escalopés, etc.

On les fait aussi au foie gras, caviar, rillettes, pâté de foie, anchois, crevettes, filets de harengs, etc.

On peut aussi les préparer dans un petit pain, long, fendu en deux.

Voir recettes de sandwiches : l'Encyclopédie du Restaurateur « Abrégé de Cuisine ».

TROISIÈME PARTIE

VINS ET ALCOOLS

VINS

Composition générale

Substances provenant de la fermentation du raisin et existant en quantités variables dans chaque vin.

Il est impossible de donner des chiffres absolus puisque les proportions sont différentes dans chaque vin et varient chaque année d'après la clémence ou la sévérité des saisons.

Alcool. Plus un vin est riche en alcool, plus il se conserve longtemps et mieux il supporte les transports.

Tous les vins étrangers sont en général plus riches en alcool que les vins français. Bourgogne 10 à 13°, Bordeaux 9 à 12°, Midi 8 à 11°, Centre 7 à 12°. Moyenne française 8 à 10°.

Eau. Entre pour environ 85 à 95 % dans la composition du vin.

Tanin. Un des premiers principes colorants du vin auquel suivant son abondance il donne une nuance plus ou moins foncée.

Tartre. Provoque un goût de verdeur et d'âpreté, mais se solidifie et se dépose avec le temps. Ce qui fait que le vin devenant plus moelleux se bonifie avec l'âge.

Ces deux composants, **tartre** et **tanin,** sont essentiellement toniques, fortifient le sang, facilitent la digestion et contribuent aussi à la conservation du vin. Tous deux proviennent de la pulpe du raisin, et apportent le goût de **fruité,** ordinairement agréable, mais parfois tellement prononcé, pour les vins jeunes, qu'il en devient plutôt désagréable (goût de terroir).

Substance sucrée, sels, et divers acides aromatiques, dont la combinaison produit la saveur caractéristique du vin. Avec l'âge, ces acides se transforment en différents éthers qui produisent le bouquet ou parfum particulier à chaque vin.

L'action qui fait se développer le bouquet s'opère généralement dans le fût pour les vins rouges et dans la bouteille pour les vins blancs. Les vieux vins qui ont été bien soignés ont donc un arome toujours plus prononcé que les jeunes.

La fermentation lente et continuelle étant, pour les vins rouges, le meilleur procédé d'amélioration, on la provoque par des soutirages de printemps et d'automne, pendant plusieurs années, afin d'obtenir toute la maturité et la bonification que la futaille peut produire.

Il n'y a plus ensuite qu'à mettre le vin en bouteilles, dans lesquelles il se développera ou, pour employer le terme consacré, il se finira.

DÉGUSTATION

Observations

Il est extrêmement difficile de devenir un bon dégustateur, si difficile même que le talent de juger, d'apprécier intégralement toute sorte de vin, n'a certainement jamais été possédé par une seule et même personne. Chaque vin ayant un caractère particulier et un goût absolument spécial, il est impossible à un seul homme, de réunir toutes les aptitudes nécessaires pour apprécier à leur valeur exacte des vins de différents pays.

Pour découvrir et reconnaître les qualités et les défauts actuels ou à venir d'un vin, il faut tenir compte de son âge, de la nature du raisin dont il a été extrait, des soins qu'il a reçus, de ceux qu'il recevra, des différentes transformations (particulières à chaque cru) que le vin doit subir avant d'arriver à perfection ou à dégénérescence.

Tel vin qui plaît à une personne, déplaît à une autre. Tel vin que l'on ne prise point aujourd'hui, fera nos délices dans quelques années, lorsqu'il sera parvenu à maturité entière, et que toutes ses qualités — jusqu'à ce jour pour la plupart cachées — se seront développées à la suite de métamorphoses successives ; de même qu'un vin sur lequel nous fondons de grandes espérances nous donnera peut-être d'aussi grandes déceptions.

Il faut tenir compte de notre état de santé, des dispositions dans lesquelles on se trouve, de ce que l'on a bu ou mangé auparavant. Venant après des fruits savoureux, des choses fades ou sucrées, le vin semble toujours âpre et dur ; tandis qu'après des aliments corsés et relevés, du fromage fort ou des noix, il semble toujours souple, moelleux, savoureux et plus fin qu'il ne l'est en réalité.

Les organes du goût et de l'odorat, l'homme tout entier, subissent l'influence d'affinités naturelles ou de répulsions innées. Le gourmet doit se défier de ses penchants, qui lui font souvent préférer un vin qui s'accorde bien à son palais, et en dédaigner un autre, parfois plus délicat et meilleur.

Pénétrés de ces principes essentiels, les experts dégustateurs se sont forcément spécialisés ; et chacun d'eux n'exerce son art que sur quelques crus.

Manière de déguster

Principe immuable : le vin doit toujours être franchement clair. Un vin trouble n'est pas sain, il est malade ou le devient, ou la bouteille a été agitée et, par suite, le dépôt dont le vin s'était purifié se trouve remêlé au liquide dont il altère ainsi la couleur et le goût.

Les vins blancs doivent être d'un clair plus ou moins ambré, mais toujours très limpide.

Les rouges peuvent varier du clair tuilé ou pelure d'oignon au rouge vif ou foncé, mais leur couleur doit toujours être franche et d'une transparente limpidité. On s'assure de cette limpidité en faisant miroiter le vin dans un verre penché, ou dans un verre flûte, plutôt que dans une tasse d'argent aux reflets trompeurs.

Après avoir, pendant un court instant, chauffé le fond du verre dans la paume de la main, pour aider au dégagement de l'arome, faire tourner légèrement le vin dans le verre afin d'augmenter l'expansion du bouquet et humer ce dernier par une longue et profonde aspiration. Prendre une gorgée et bien humecter toutes les parties de la bouche, avaler lentement et graduellement.

Les propriétés de l'alcool, du tartre, du tanin et des divers acides donnent au vin ce qu'on appelle le corps. Un vin est chaud, généreux, lorsque la quantité d'alcool lui donne beaucoup de corps. Dans le cas contraire il est léger.

Lorsque toutes les parties constituantes du vin sont réunies dans des proportions formant un harmonieux assemblage, on dit que le vin est moelleux.

On appelle finesse la délicate sensation que laissent dans la bouche le goût et la saveur d'un bon vin léger, ou d'un vieux vin bien dépouillé, ainsi que l'impression subtilement aromatique du bouquet sur l'odorat.

Les vins qui possèdent à un haut degré ces trois qualités de : corps, moelleux et finesse, sont parfaits.

ORDRE DE SERVICE DES VINS DANS UN REPAS COMPLEXE

HUITRES ET HORS-D'ŒUVRE

Blancs : Vins ordinaires secs de Bourgogne ou Bordeaux. Vouvray spécialement pour les huîtres. Pour les hors-d'œuvre russes, l'eau de vie : vodka.

POTAGES

Madère, Xérès.

POISSONS

Blancs : Les mêmes que pour hors-d'œuvre ou huitres. Les Moselle et Rhin bons ordinaires ; aussi les vins fins de Bourgogne ou Bordeaux.

ENTRÉES

Rouges : Grands ordinaires légers de Bourgogne ou de Bordeaux.

RELEVÉS

Rouges : Grands ordinaires corsés de Bourgogne ou de Bordeaux, ou fins des mêmes régions.

ROTIS

Rouges : Bordeaux : Grands vins des 2e et 3e crus. Bourgogne : 1er choix de Mercurey, Nuits, Beaune.

RELEVÉS DE ROTIS

Rouges : Bordeaux : Grands vins des 1ers crus et hors ligne. Bourgogne : Grands vins et hors ligne. Autres grands vins rouges français.

ENTREMETS

Blancs : Hors ligne et grands vins de Bordeaux, de Bourgogne ou du Rhin.

DESSERT

Champagne, Porto et vins de liqueurs.

CHOIX DES VINS, D'APRÈS LE MENU

Afin d'être complet, il faudrait indiquer la nomenclature entière des mets ; puis placer en face de chacun d'eux la liste des vins qui conviendraient le mieux pour obtenir le synchronisme des saveurs.

Un tel travail est presque irréalisable, et serait fastidieux.

On s'en tiendra donc aux règles générales précitées, et qui sont suffisantes. — Toutefois se guider par le principe directeur suivant : joindre au **fumet** d'un plat, le **bouquet** d'un vin choisi pour réaliser une harmonieuse synthèse gustative ; l'un étant le complément de l'autre.

Cependant ne jamais oublier que cet accent partiel, à chaque échelon du repas, que cette harmonie du moment, doivent être assujettis à la symphonie générale de la gamme ascendante des vins dans le repas.

Pour observer cette loi d'esthétique gustative, ne pas oublier que l'ordre progressif normal des boissons va des plus souples aux plus corsées, aux plus capiteuses, aux plus parfumées.

Afin de ne point transgresser ce principe essentiel et primordial, servons le vin le plus faible avant le vin le plus fort ; le vin sec avant le vin moelleux ou doux ; donnons le vin blanc sec avant le vin rouge ; versons le vin blanc sucré, ou liquoreux, après le vin rouge.

Les bourgognes étant plus parfumés, les servir après les bordeaux dont on ne pourrait, sans cette précaution, apprécier toute la finesse du bouquet.

L'usage n'admet qu'une exception aux règles précédentes, c'est le vin « apéritif » avec le potage. Encore est-elle contestée par beaucoup.

Température optime

Cet ouvrage étant consulté sur tous les points du globe, le degré de chaleur convenable est chaque fois un cas d'espèce. Il sera fonction du climat, du milieu ambiant, de la latitude ; en résumé de la température de la salle.

Pour les pays tempérés les meilleures conditions de présentation pour la dégustation seront :

Blancs

Bordeaux ordinaires : bien rafraîchis.

Bordeaux grands vins : presque frappés.

Bourgogne : rafraîchis, mais non glacés.

Anjou, Vouvray, Rhin, Moselle, etc. : presque frappés.

Dans tous les cas ci-dessus, il est prudent de déboucher la bouteille avant de la mettre dans la glace. Replacer aussitôt le bouchon, mais sans le serrer. La première opération a pour but d'éviter l'éclatement ; la deuxième d'empêcher l'oxydation du vin au contact de l'air.

Rouges

Bordeaux : Chambrer assez longtemps pour amener à la température de la salle. Ne jamais dépasser vingt degrés C.

Bourgogne : Chambrer modérément. Chaleur un peu inférieure à la précédente.

Côtes du Rhône, Touraine : Chambrer à peine ; se tenir près de la température de la cave.

Liquoreux

Les **rouges de dessert,** température de la cave ; environ onze degrés centigrade ou 52 degrés Fahrenheit.

Les **blancs de dessert :** un peu rafraîchis. Plus ils sont secs, plus il faut les refroidir.

Généralement il suffit de refroidir le verre au préalable. Cependant lorsque l'on puise dans les bouteilles de comptoir ou d'étagère, déjà chaudes, ou dans une salle surchauffée, il est préférable de passer ces bouteilles dans la glacière ou dans un bain froid.

Mais, ne pas oublier qu'un refroidissement exagéré trouble certains vins, et qu'ils peuvent rester cassés.

Champagne

Tous les mousseux doivent être bus froids. Ils seront donc rafraîchis, frappés, ou même glacés, au désir des convives.

En général, plus le vin sera sec plus on pourra le refroidir. Mais si l'on devait glacer très fortement, il serait sage de déboucher d'abord, pour ne pas risquer l'éclatement. Les sommeliers savent à quoi s'en tenir sur ce point ; et ils préfèrent glacer moins, plutôt que de perdre le gaz.

Classification des Vins

Pour ne pas sortir du cadre restreint de cet ouvrage, nous ne traiterons que des produits les plus renommés de chaque pays ; et, ne ferons aucune mention spéciale des vins qui n'ont qu'une renommée locale.

Afin d'établir des bases de comparaison et d'évaluation pour les transactions, tous les vins ont été l'objet d'un classement général, par ordre de qualité, qui a reçu la consécration commerciale, savoir : **Grands vins, vins fins, grands ordinaires, vins ordinaires, vins communs.**

Il est utile de subdiviser la 1re classe en : **Hors ligne** pour ceux que leurs qualités transcendantes élèvent à la sublime perfection, et, en **Grands vins** pour les autres.

Abréviations : H.L. — G.V. — V.F. — G.O. — V.O. — V.C.

Beaucoup de crus fournissent aussi des vins moins parfaits, mais connus sous le même nom, en ajoutant 2e ou 3e choix ou cuvée. Ces produits doivent être compris dans les classes immédiatement inférieures à celles mentionnées.

Dans chaque cru, nous avons adopté la méthode de classement alphabétique, qui nous semble la plus simple et facilite les recherches. Nous y avons compris quelques crus aujoud'hui moins réputés, mais dont les anciens produits peuvent encore exister dans certaines caves.

La France pays de vignoble par excellence, produisant la plus grande quantité et aussi les meilleures qualités de vins, nous commencerons par les produits de ce beau pays.

Vins Français

En premier lieu les

Bordeaux rouges

Ces vins exquis et délicats sont si fins, leur bouquet d'une suavité si pénétrante, qu'ils ont conquis une réputation universelle de perfection incontestable, et qu'il est parfaitement inutile d'en faire l'éloge ici.

Leurs principes reconstituants, bien connus des sommités médicales, les font recommander aux malades, aux estomacs débiles, car bus purs et modérément, ils aident aux fonctions digestives et ne montent point à la tête. Ils laissent la bouche fraîche et sèche, l'haleine pure et plus subtile. Ils supportent bien les transports par mer, quelques-uns s'en trouvent même améliorés.

D'après la nature du terrain et la situation topographique du vignoble, les meilleurs vins rouges bordelais ont été classés en quatre régions, savoir : **Médoc, Graves, Palus, Côtes.**

Médoc. N'arrivent à maturité complète qu'après 5 ou 6 ans de fût. Alors ils sont élégants, fermes sans dureté, capiteux sans excès, généreux et reconstituants. On croit reconnaître dans leur bouquet exquis un parfum indéfini de framboise et de vanille.

Sont entièrement dépouillés après 12 ou 14 ans de bouteille.

Graves. Colorés, corsés, plus âpres que le Médoc. Bouquet léger. N'arrivent à maturité qu'après 5 à 8 ans de fût, mis en bouteille alors, ils peuvent se maintenir pendant 20 à 25 ans sans perdre leur couleur.

Palus. Capiteux et très colorés, ont moins de corps que les Graves, mais demandent les mêmes soins et se conservent comme eux.

Côtes. Exception faite pour les côtes Saint-Emilion et de Canon, qui peuvent rivaliser avec les **Palus,** les vins des **côtes** sont d'une qualité inférieure à la précédente. Très colorés, léger excès de fermeté qui s'adoucit avec l'âge.

Dans le tableau ci-après, la 3e colonne (Régions) appelle pour chaque vin les indications ci-dessus.

D'après leurs qualités originelles tous ces vins ont été classés en crus, savoir : 1ers crus, 2es crus, 3es crus, 4es crus, 5es crus, Bourgeois, et enfin Paysans, dont l'énumération alphabétique suit :

NOMS DES VINS	COMMUNES	RÉGIONS	QUALITÉ
1ers Crus			
Haut Brion	Pessac	Graves	H. L.
Lafitte	Pauillac	Haut-Médoc	H. L.
Latour	—	—	H. L.
Margaux	Margaux	—	H. L.
2es Crus			
Brane Cantenac ...	Cantenac	Haut-Médoc	G. V.
Cos d'Estournel ...	Saint-Estèphe	—	G. V.
Ducru Beaucaillou .	Saint-Julien	—	G. V.
Durfort-Vivens	Margaux	—	G. V.
Gruau-Larose Sarget	Saint-Julien	—	G. V.
Gruau-Larose Faure.	—	—	G. V.
Lascombes	Margaux	—	G. V.
Léoville Barton ...	Saint-Julien	—	G. V.
Léoville Lascazes ..	—	—	G. V.
Léoville Poyferre ..	—	—	G. V.
Montrose	Saint-Estèphe	—	G. V.
Mouton Rothschild .	Pauillac	—	G. V.
Pichon-Lalande ...	—	—	G. V.
Pichon-Longueville .	—	—	G. V.
Rauzan	Margaux	—	G. V.
3es Crus			
Becker	Margaux	Haut-Médoc	G. V.
Boyd	Cantenac	—	G. V.
Calon Ségur	Saint-Estèphe	—	G. V.
Cantenac Brown —	Cantenac	—	G. V.
Desmirail	Margaux	—	G. V.
Dubignon	—	—	G. V.
Ferrière	—	—	G. V.
Giscours	Labarde	—	V. F.
Issan	Cantenac	—	G. V.
Kirvan	—	—	G. V.
Lagrange	Saint-Julien	—	V. F.
La Lagune	Ludon	—	G. V.
Langoa	Saint-Julien	—	G. V.
Palmer	Cantenac	—	G. V.
Saint-Exupery	Margaux	—	G. V.

NOMS DES VINS	COMMUNES	RÉGIONS	QUALITÉS
4es Crus			
Beychevelle	Saint-Julien	Haut-Médoc	V. F.
Branaire Ducru	—	—	V. F.
Carnet	Saint-Laurent	—	V. F.
De Thermes	Margaux	—	V. F.
Duhart Milon	Pauillac	—	V. F.
Duluc	Saint-Julien	—	V. F.
Le Prieuré	Cantenac	—	V. F.
Pouget	—	—	V. F.
Pouget la Salle	Pauillac	—	V. F.
Rochet	Saint-Estèphe	—	V. F.
Saint-Pierre	Saint-Julien	—	V. F.
Talbot	—	—	V. F.
5es Crus			
Armailhacq (Mouton)	Pauillac	Haut-Médoc	V. F.
Artigues Arnaud ...	—	—	V. F.
Batailley	—	—	V. F.
Belgrave	Saint-Laurent	—	V. F.
Camensac	—	—	V. F.
Canet (Pontet)	Pauillac	—	V. F.
Cantemerle	Macau	—	V. F.
Clerc Milon	Pauillac	—	V. F.
Cos Labory	Saint-Estèphe	—	V. F.
Couteanceau	Saint-Laurent	—	V. F.
Croizet Bages	Pauillac	—	V. F.
Dauzac	Labarde	—	V. F.
Grand Puy Lacoste.	Pauillac	—	V. F.
Haut Bages	—	—	V. F.
Haut Bailly	Léognan	Graves	V. F.
Haut Brion Larrivet	—	—	V. F.
La Mission	Pessac	—	V. F.
Le Tertre	Arsac	Haut-Médoc	V. F.
Lynch Bages	Pauillac	—	V. F.
Lynch Mousas	—	—	V. F.
Montrose	—	—	V. F.
Pape Clément	Pessac	Graves	V. F.
Pédesclaux	Pauillac	Haut-Médoc	V. F.

NOMS DES VINS	COMMUNES	RÉGIONS	QUALITÉS
Bourgeois Sup.			
Bel Air	Soussans	Haut-Médoc	V. F.
La Lande	Saint-Estèphe	—	V. F.
Lanessan	Cussac	—	V. F.
Le Boscp	Saint-Estèphe	—	V. F.
Morin	—	—	V. F.
Pavenil	Soussans	—	V. F.
Bons Bourgeois			
Ambès	Ambès	Palus	G. O.
Citran	Avensan	Petit-Médoc	G. O.
Fronsac	Fronsac	Côtes	G. O.
La Bastide	La Bastide	Palus	G. O.
Lesparre	Lesparre	Bas-Médoc	G. O.
Listrac	Listrac	Petit-Médoc	G. O.
Moulis	Moulis	—	G. O.
Pommerol	Pommerol	Côtes	G. O.
Quinsac	Quinsac	Palus	G. O.
Saint-Emilion (Haut)	Saint-Emilion	Côtes	G. O.
Saint-Estèphe	Saint-Estèphe	Haut-Médoc	G. O.
Saint-Georges	Saint-Emilion	Côtes	G. O.
Saint-Gervais	Saint-Gervais	Palus	G. O.
Saint-Julien	Saint-Julien	Haut-Médoc	G. O.
Saint-Laurent	Saint-Laurent	Petit-Médoc	G. O.
Sainte-Marie	Pessac	Graves	G. O.

Paysans

Le Bordelais produit aussi une grande quantité de vins inférieurs à tous les précédents et que l'on dénomme Paysans.

PARTICULARITÉS

des différentes années pour les Bordeaux rouges

1957 Bonne année. Vins charpentés et assez fins.
1956 Année moyenne. Assez de finesse.

1955 Année réussie. Vins souples et complets.
1954 Année moyenne irrégulière, quelques réussites.
1953 Très bonne année, vins équilibrés, complets.
1952 Bonne année.
1951 Année médiocre.
1950 Assez bonne année. Vins évoluant vite.
1949 Grande année. Corsés, solides, forts.
1948 Très bonne année. Frais, bouquetés, ayant du charme.
1947 Grande année. Bouquetés, beaucoup de caractère.
1946 Très bonne année. Souples, ayant du goût et du corps.
1945 Très bonne année. Très corsés, parfois un peu durs.
1944 Année moyenne. Vins ronds un peu neutres.
1943 Très bonne année. Très séveux et dégagés.
1942 Bonne année. Souples et vineux.
1941 Année médiocre. Très maigres.
1940 Bonne année. Fins et bouquetés, assez légers.
1939 Bonne année. Vins ayant du goût.
1938 Année moyenne. Qualité variable.
1937 Remarquable en quantité et qualité.
1936 Bonne année. Abondance et qualité.
1935 Quantité et qualité variables.
1934 Très bonne année en quantité et qualité.
1933 Qualité moyenne. Quantité réduite.
1932 Quantité moyenne. Légers. Peu de bons.
1931 Petite quantité. Qualité passable.
1930 Très peu. Quelques rares bons.
1929 Grande année en quantité et qualité.
1928 Large quantité. Très appréciables.
1927 Quantité moyenne. Qualité médiocre.
1926 Quantité réduite. Très bons. Corsés.
1925 Moyens en quantités et qualités.
1924 Large quantité. Excellents. Recherchés.
1923 Quantité moyenne. Qualité modérée.
1922 Abondants mais médiocres.
1921 Quantité réduite. Très bons. Durs au début.
1920 Quantité, réussi, corsé. Quelques-uns cassent.
1919 Bonne quantité, mais peu de qualité.
1918 Qualité moyenne. Promesses.
1917 Petite année, sans cachet.
1916 Qualité intéressante, moelleux.
1915 Qualité moyenne, non marquante.
1914 Bonne qualité, bouquet ; élégant.
1913 Peu. Quelques bons.
1912 Quantité moyenne. Assez bon.
1911 Bon, mais peu. — 1910. Peu, médiocre.
1909 Bon, quoique léger.

1908 Qualité moyenne variable.
1907 Médiocre d'abord, s'est amélioré.
1906 Bon. Se développe bien. Devenu sec.
1905 Qualité moyenne. Léger.
1904 Abondant. Excellente année.
1903 Quantité moenne. — 1902. Quantité moyenne.
1901 Qualité variable. Généralement indéterminée.
1900 La plus abondante récolte. Bonne qualité.
1899 Un très bon vin, élégant, développé.
1898 Petite quantité, mais bonne qualité.
1897 Médiocre, négligeable.
1896 Abondant, excellent, se développe bien.
1895 Plutôt corsé et coloré. Bonne qualité.
1894 Elégant. Promet de bien finir.
1893 Qualité remarquable sous tous les rapports.
1892 Sans qualité. — 1891. S'est amélioré.
1890 Corsé et coloré. Assez élégant.
1889 Moelleux. Elégant. A soigner.
1888 Moelleux. Elégant.
1887 Corsé, coloré. Elégant. — 1886. Médiocre.
1885 Très léger. Plutôt plat.
1884 Ont presque tous souffert du mildiou. Quelques-uns sont bons.
1883 Très légers. Plutôt plat.
1882 Sans qualité. — 1881. Apre, trop corsé, dur.
1880 En général léger et sans grande qualité.
1879 Qualité passable d'abord. S'est amélioré depuis.
1878 Grand vin. Elégant. Bien développé. Se tient bien.
1877 Vin délicat. Elégant. S'est bien développé.
1876 Plutôt corsé et coloré. Bonne qualité.
1875 La meilleure année. Fin, délicat, élégant. Grand vin parfait.
1874 Corsé, assez délicat. Vin fin.
1873 Assez bonne qualité.
1872 Excès de légèreté qui l'a rendu pauvre.
1871 Jugé d'abord médiocre, finit assez bien.
1870 Corsé et coloré. Elégance bien développée.
1869 Négligé d'abord, s'est bien développé. A bien fini.
1868 Trop de sucre nuisit à la qualité.
1867 Médiocre. — 1866. Passable.
1865 Comme en 1868.
1864 En général bon vin, élégant, fin, quoiqu'un peu léger dans les Margaux.
1863 Absolument rien de bon.
1862 Peu, mais d'assez bonne qualité.
1861 Totalement manqué. — 1860. Mauvais.
1859 Négligeable, en général peu de bon vin.
1858 Magnifique, corsé, coloré, élégant.

Bordeaux blancs

De même que son frère rouge, le vin blanc de Bordeaux a conquis par ses qualités exceptionnelles la réputation méritée d'être le premier vin blanc du monde.

Sec et moelleux, délicat et généreux, il possède un bouquet d'une finesse exquise qui laisse à la bouche une sensation d'ineffable suavité.

Arrivé à maturité il est clair et transparent comme la topaze et chaque bouteille semble contenir un rayon de soleil. Aussi a-t-on pu dire que son apparence plait à l'œil et réjouit l'esprit.

Réconfortant et légèrement excitant, c'est le vin par excellence des personnes qui ont besoin de revivifier leur énergie.

Les vins blancs bordelais, sont classés comme suit : Hors ligne, 1ers crus, 2es crus.

NOMS DES VINS	COMMUNES	RÉGIONS	QUALITÉS
Hors Ligne			
Yquem	Sauterne	Graves	H. L.
1ers Crus			
Bayle	Sauterne	Graves	G. V.
Carbonnieux	Léognan	—	G. V.
Coutet	Barsac	—	G. V.
Climens	—	—	G. V.
Guiraud	Sauterne	—	G. V.
La Tour Blanche ...	Bommes	—	G. V.
Peyraguey	—	—	G. V.
Rabaud	—	—	G. V.
Rieussec	Fargues	—	G. V.
Suduiraut	Preignac	—	G. V.
Vigneau	Bommes	—	G. V.
2es Crus			
Arche (d')	Sauterne	Graves	G. V.
Broustel-Nérac	Barsac	—	G. V.

NOMS DES VINS	COMMUNES	RÉGIONS	QUALITÉS
Caillou	Barsac	Graves	G. V.
Cérons 1ers	Cérons	—	G. V.
Doisy	Barsac	—	G. V.
Filhot	Sauterne	—	G. V.
Lamothe	—	—	G. V.
Malle	Preignac	—	G. V.
Mirat	Barsac	—	G. V.
Peyxotto	Bommes	—	G. V.
Romer	Preignac	—	G. V.
Suau	Barsac	—	G. V.

3es Crus

Tous les seconds choix des communes précédentes, et premiers choix des communes suivantes : **Blanquefort, Fargues, Langon, Loupiac, Martillac, Villenave d'Ornon. — V. F.**

4es Crus

Les troisièmes choix des 1ers et 2es crus, deuxièmes choix des 3es crus, et premiers choix des communes suivantes : **Cadillan, Landirac, Langoiran,** etc. — **G. O.**

Tous les vins des 1ers et 2es crus proviennent des vignobles de la rive gauche de la Garonne et sont généralement connus sous le nom de **Sauterne.**

La rive droite produit aussi des vins très appréciés, parmi lesquels ceux des communes de : Baurech, Cadillac, Langoiran, Le Tourne, Loupiac, Paillet, Rions, Sainte-Croix-du-Mont, Tabanac, etc., qui tous possèdent certaines qualités de finesse assez développées.

Bourgogne

Les vins de Bourgogne possèdent aussi des qualités de perfection qui ont fait placer leurs 1ers crus au même rang que ceux de Bordeaux. Ils sont toutefois un peu plus riches en alcool que ces derniers.

Bourgognes rouges

Ils sont classés comme suit :

Haute-Bourgogne, Basse-Bourgogne, Mâconnais, Beaujolais.

La Haute-Bourgogne est subdivisée en trois régions ou côtes, savoir :

Côte de Nuits. Vins corsés sans être lourds, forts et généreux. Assez semblables au Bordeaux. Sont parfaits de 8 à 12 ans.

Côte de Beaune. Raisonnablement capiteux, fins et délicats. Leur parfum rappelle légèrement celui de la violette.

Côte Chalonnaise. Légers et secs, leur bouquet frais et plaisant semble contenir une proportion infime de framboise.

La Basse-Bourgogne, produit des vins fins délicats et capiteux et d'autres plus corsés, colorés, et, d'une reconstituante générosité.

Mâconnais. Les uns corsés et généreux et les autres fins et délicats semblent être faits pour se donner mutuellement le complément perfectif qui leur manque individuellement.

Beaujolais. Quoique inférieurs à tous les précédents ces vins ne sont point à dédaigner, ils possèdent un goût plaisant, leur bouquet léger laisse une bonne impression de finesse et de fraîcheur.

NOMS DES VINS	COMMUNES	RÉGIONS	QUALITÉS
Hte-Bourgogne			
Aunay	Aunay	Beaune	G. O.
Beaumont	Vosne	Nuits	G. V.
Beaune 1ers	Beaune	Beaune	V. F.
Bonnes Mares	Chambolle	Nuits	V. F.
Bourgneuf	Bourgn. Val d'Or	Châlonnaise	G. O.
Chambertin	Gevrey	Nuits	G. V.
Chambolle	Chambolle	Nuits	V. F.
Chassagne	Chassagne	Beaune	V. F.
Clos du Tart	Morey	Nuits	G. V.
Clos du Roy (Corton)	Aloxe	Beaune	G. V.

NOMS DES VINS	COMMUNES	RÉGIONS	QUALITÉS
Clos Vougeot	Vougeot et Flagey-tss-Silly	Nuits	G. V.
Corton	Aloxe	Beaune	G. V.
Echezeaux	Flagey	Nuits	V. F.
Estroyes	Bourgn. Val d'Or	Châlonnaise	G. O.
Givry	Givry	—	G. O.
Lambbrey	Morey	Nuits	G. V.
Meursault-Santenot .	Meursault	Beaune	G. V.
Malconsort	Morey	Nuits	G. V.
Mercurey	Mercurey	Châlonnaise	G. O.
Musigny	Chambolle	Nuits	G. V.
Nuits 1ers	Nuits	—	G. V.
Pommard	Pommard	Beaune	V. F.
Prémeaux	Prémeaux	Nuits	V. F.
Richebourg	Vosne	—	G. V.
Romanée (Conti) ..	—	—	G. V.
Saint-Georges	Nuits	—	G. V.
Santenay	Santenay	Beaune	V. F.
Savigny	Savigny	—	V. F.
Tache (La)	Vosne	Nuits	G. V.
Touches	Bourgn. Val d'Or	Châlonnaise	V. F.
Volnay 1ers	Volnay	—	G. V.
Vosne 1ers	Vosne	—	V. F.
Basse-Bourgogne			
Auxerre	Auxerre	Basse-Bourgog.	V. F.
Boivin	—	—	G. V.
Chaînette (La)	—	—	G. V.
Capelle (La)	Dannemoine	—	G. V.
Charloux	Tonnerre	—	V. F.
Epineuil	Epineuil	—	V. F.
Irancy	Irancy	—	G. O.
Migraine	Auxerre	—	G. V.
Mont-Savoye	Dannemoine	—	G. V.
Olivottes	—	—	G. V.
Painsot	—	—	G. V.
Perrières	Tonnerre	—	V. F.
Pitoy	—	—	V. F.
Poches (Grandes) ..	—	—	V. F.
Poches (Basses) ...	—	—	V. F.
Queutart	Auxerre	—	G. V.
Saint-Jacques	Joigny	—	G. O.
Seigneur (Cuvée du)	Coulanges-la-V.	—	G. O.
Tonnerre	Tonnerre	—	G. O.

NOMS DES VINS	COMMUNES	RÉGIONS	QUALITÉS
Mâconnais et Beaujolais			
Beaujeu	Beaujeu	Beaujolais	G. O.
Bief	Chénas	Mâconnais	G. O.
Carquelins	Romanèche	—	V. F.
Chiroubles	Chiroubles	Beaujolais	G. O.
Fleurie	Fleurie	—	V. F.
Juliénas	Juliénas	—	G. O.
Laborie	Romanèche	Mâconnais	V. F.
La Cave	Chénas	—	G. O.
Lancié	Lancié	Beaujolais	G. O.
La Rochelle	Chénas	Mâconnais	G. O.
Michelons	—	—	G. O.
Michots	—	—	G. O.
Morgnon	Villié	Beaujolais	G. O.
Moulin à vent	Romanèche	Mâconnais	V. F.
Odénas	Odénas	Beaujolais	G. O.
Rochegré	Chénas	Mâconnais	G. O.
Thorins	Romanèche	—	V. F.
Tour du Bief	Chénas	—	G. O.
Vérillas	—	—	G. O.

PARTICULARITÉS

des différentes années pour les Bourgognes Rouges

1958 Année moyenne.
1957 Bonne année. Quantités réduites par les gelées.
1956 Année moyenne. Vins légers, peu colorés.
1955 Très bonne année. Vins fins et élégants.
1954 Année médiocre. Vins maigres.
1953 Très bonne année, vins corsés et pleins.
1952 Très bonne année. Vins corsés.
1951 Année moyenne. Vins minces.
1950 Bonne année.
1949 Grande année. Bouquetés, gras.
1948 Très bonne année. Bouquetés, souples.
1947 Grande année. Souples, tendres et très bouquetés.

1946 Très bonne année. Très souples, bouquetés et racés.

1945 Très bonne année. Corsés et très bouquetés.

1944 Année médiocre. Vins très maigres.

1943 Bonne année. Souples et bouquetés.

1942 Bonne année. Souples et bouquetés.

1941 Année moyenne. Vins maigres.

1940 Année médiocre. Durs et sans cachet.

1939 Année médiocre. Vins maigres.

1938 Année moyenne. Qualité inégale.

1937 Année supérieure. Corsés, élégants.

1936 Quantité et qualité satisfaisantes.

1935 Variables sous tous les rapports.

1934 Large quantité. Qualité remarquable.

1933 Quantité moyenne. Qualité élégante.

1932 Entièrement négligeable.

1931 Médiocre en tout.

1930 Petite quantité. Peu de bons.

1929 Quantité moyenne. Légers mais agréables.

1928 Bonne quantité. Souples. Appréciables.

1927 Rien de satisfaisant.

1926 Quantité réduite. Corsés. Excellents.

1925 Quantité et qualité moyennes.

1924 Quantité moyenne. Qualité médiocre.

1923 Petite quantité. Très grand vin.

1922 Abondants, mais sans aucun cachet.

1921 Peu, mais très bons. Souplesse et bouquet.

1920 Petite quantité. Bonne qualité.

1919 Peu, mais excellents. Elégants.

1918 Petite quantité. Plutôt légers.

1917 Quantité et qualité moyennes.

1916 Abondants et marquants. Tonalité.

1915 Petite quantité. Bons pour la plupart.

1914 Quantité moyenne. Bonne qualité.

1913 Peu. Qualité très ordinaire.

1912 Quantité et qualité moyennes.

1911 Peu, mais très bons. Remarquables.

Bourgognes blancs

Ils sont classés comme les rouges, comme eux ils ont une renommée universelle.

Leurs effets bienfaisants sur le foie, la vessie et les reins, les font recommander aux malades souffrant de ces organes ; mais ils doivent être bus modérément, car leur capitosité trop généreuse a facilement raison des têtes qui manquent de solidité.

Ils sont fins et moelleux, corsés et délicats, très agréables à boire.

Les ordinaires sont souvent employés à la fabrication des vins de Champagne.

NOMS DES VINS	COMMUNES	RÉGIONS	QUALITÉS
Blanchet	Frey	Basse-Bourgog.	G. O.
Bouquereau	Chablis	—	V. F.
Chablis	—	—	V. F.
Chablis Moutonne ..	—	—	V. F.
Chaplot	—	—	V. F.
Charmes	Meursault	Haute-Bourgog.	V. F.
Combettes	..	—	V. F.
Genevrière	—	—	V. F.
Gouttes d'Or	—	—	V. F.
Grisées	Epineuil	Basse-Bourgog.	G. O.
Les Clos	Chablis	—	V. F.
Meursault	Meursault	Haute-Bourgog.	V. F.
Montrachet aîné ...	Puligny	—	H. L.
— Chevalier .	—	—	G. V.
— Bâtard ...	—	—	V. F.
Mont-du-Milieu	Chablis	Basse-Bourgog.	V. F.
Perrière	Meursault	Haute-Bourgog.	V. F.
Pouilly	Solutré	Mâconnais	G. O.
Santenot	Meursault	Haute-Bourgog.	V. F.
Valmur	Chablis	Basse-Bourgog.	V. F.
Vaudésir	—	—	V. F.
Vaumorillon	Junay	—	G. O.

Touraine et Anjou

Les vins rouges de **Touraine** sont généralement connus sous le nom de vins de Chinon. Ceux de Joué-les-Tours V F et environs ressemblent beaucoup à ceux de la côte chalonnalse en Bourgogne, tandis que les vins de la commune de Saint-Avertin G O se rapprochent plutôt des produits des côtes de Nuits et de Beaune. — Les plus réputés proviennent des communes de Bourgueil G O et de Saint-Nicolas V F. Ceux-ci assez semblables au Médoc sont francs de goût, corsés, colorés, légèrement framboisés et très agréables à boire. L'âge les bonifie beaucoup, mis en bouteilles après 2 ou 3 années de fût ils obtiennent en 6 ou 8 ans toutes leurs qualités, et placés dans des condi tions favorables peuvent se maintenir ainsi pendant longtemps.

Mention spéciale pour les Nobles-Joué, V F, produits par les meilleurs cépages de Joué-les-Tours.

Parmi les rouges d'**Anjou** les plus renommés sont ceux de Champigny G O et de Parnay V O.

Les seuls vins blancs qui méritent une mention spéciale sont ceux de Saumur V F, que l'on champagnise ordinairement ; et ceux de Vouvray G O, ces derniers, moelleux et parfumés, deviennent très capiteux en vieillissant et moussent comme le champagne.

Autres Vins rouges français

Dans le classement suivant, la même dénomination renferme fréquemment tous les produits des territoires d'une ou plusieurs communes, ou d'un ou plusieurs arrondissements ; et, quelquefois, d'un département entier ou d'une ancienne province. Ceci en concordance avec les usages commerciaux.

BAS-RHIN. — Vignoble de grande étendue sur coteaux. Bons vins dans les communes de Barr, Gertwiller, Molsheim, Obernai, Wolxheim. — Les crus de l'arrondissement de Wissembourg se rapprochent des vins du Rhin. Les cépages les plus estimés sont le Finkenwein et le Klevener.

HAUT-RHIN. — Vignobles très étendus qui en plus de vins ordinaires comportent quelques crus appréciés : Guebwiller, Kaysersberg, Rouffach, Riquewhir, Ribeauvillé, Turckheim.

Les vins d'Alsace ont depuis longtemps acquis une solide renommée. Quant à ses excellents vins de liqueur on les trouvera aux « Vins de liqueurs français ».

Voici les autres Vins rouges français

NOMS DES VINS	COMMUNES OU ARRONDISSEM.	DÉPARTEMENTS	QUALITÉS
Albi	Territoire	Tarn	V. C.
Ambonnay	—	Marne	V. F.
Andrésy	—	Seine-et-Oise	V. C.
Arbois 1ers	—	Jura	V. F.
Argenteuil	—	Seine-et-Oise	V. C.
Arsures	—	Jura	G. O.
Auvergne 1ers	—	Puy-de-Dôme	V. O.
Bagnols	—	Gard	V. O.
Bandol	—	Var	V. C.
Banyuls 1ers	—	Pyrén.-Orient.	G. V.
Bar-le-Duc	—	Meuse	V. O.
Bellet	Nice	Alpes-Marit.	V. O.
Bergerac 1ers	Territoire	Dordogne	V. F.
Béziers	—	Hérault	V. O.
Bouzy	—	Marne	G. V.
Cahors 1ers	—	Lot	V. O.
Chambéry	—	Savoie	V. C.
Champigny	—	Maine-et-Loire	V. O.
Chanteloup	—	Seine-et-Oise	V. O.
Cap Breton	—	Landes	G. O.
Cassis	—	B.-du-Rhône	V. O.
Charenton 1ers	—	Cher	V. O.
Châteauneuf du Pape	—	Vaucluse	V. F.
Châteaun. du Rhône	—	Drôme	V. O.
Chenonceau 1ers	—	Indre-et-Loire	V. O.
Cher	Rive du Cher	Loir-et-Cher	V. O.
Côte-Rôtie	Ampuis	Rhône	V. F.
Crozes	Territoire	Drôme	V. F.
Cumières	—	Marne	G. O.
Chinon 1ers	—	Indre-et-Loire	V. O.
Die	—	Drôme	V. O.
Ermitage 1ers	Tain	Drôme	G. V.
Fleury	Territoire	Rhône	V. F.
Gaillac	—	Tarn	V. O.
Gan 1ers	—	Basses-Pyrén.	G. V.
Gards 1ers	—	Gard	V. F.
Garenne du Sel	—	Allier	V. O.
Gervant	—	Drôme	V. F.
Hauts Quartiers ...	Hautvilliers	Marne	V. F.
Joué 1ers	Territoire	Indre-et-Loire	V. O.
Jurançon 1ers		Basses-Pyrén.	V. F.

NOMS DES VINS	COMMUNES OU ARRONDISSEM.	DÉPARTEMENTS	QUALITÉS
Ludes	Territoire	Marne	V. F.
Madiran 1ers	—	Hautes-Pyrén.	V. O.
Marseille 1ers	—	B.-du-Rhône	V. O.
Mées	—	Basses-Alpes	V. O.
Mercurol	—	Drôme	V. F.
Montpellier	—	Hérault	V. C.
Narbonne	—	Aude	V. C.
Nîmes	—	Gard	V. C.
Nogaro	—	Gers	V. O.
Orléans	—	Loiret	V. O.
Perpignan	—	Pyrén.-Orient.	V. C.
Poitiers	—	Vienne	V. C.
Pouilly	—	Nièvre	V. C.
Ricey 1ers	—	Aube	V. F.
Rivesaltes	—	Pyrén.-Orient.	V. O.
Saint-Avertin	—	Indre-et-Loire	V. O.
Saint-Bales	—	Marne	G. V.
Saint-Georges	—	Hérault	G. O.
Saint-Sauveur	Aubignan	Vaucluse	V. F.
Salces	Territoire	Pyrén.-Orient.	V. O.
Sancerre 1ers	—	Cher	V. O.
Seyssel	—	Ain	V. F.
Sillery	—	Marne	G. V.
Sorgues 1ers	—	Vaucluse	V. F.
Taissy	—	Marne	V. F.
Tallano	Sartène	Corse	V. O.
Toul	Territoire	Meurthe	V. O.
Toulouse	—	Hte-Garonne	V. O.
Tournon	—	Lot-et-Gar.	V. O.
Uzès	—	Gard	V. C.
Villers	—	Marne	G. O.

Autres Vins blancs français

NOMS DES VINS	COMMUNES OU ARRONDISSEM.	DÉPARTEMENTS	QUALITÉS
Arbois	Territoire	Jura	V. F.
Argentat	—	Corrèze	V. C.
Bergerac 1ers	—	Dordogne	V. F.
Bouzy	—	Marne	G. V.
Cassis	—	B.-du-Rhône	V. F.
Chalosse	—	Landes	V. C.
Chigny	—	Marne	G. O.
Château Grillet	Condrieu	Rhône	G. V.
Clairac	Territoire	Lot-et-Gar.	V. O.
Cumières	—	Marne	G. V.
Ermitage	Tain	Drôme	G. V.
Gan 1ers	Territoire	Basses-Pyrén.	V. F.
Gard 1ers	—	Gard	V. O.
Jurançon	—	Basses-Pyrén.	V. F.
Limoux (blanquette).	—	Aude	V. O.
Mailly	—	Marne	V. F.
Marseille 1ers	—	B.-du-Rhône	V. O.
Pouilly	—	Nièvre	V. F.
Rilly	—	Marne	V. F.
Seyssel	—	Ain	V. F.
Saint-Péray 1ers	—	Ardèche	V. F.
Saint-Pourçain	—	Allier	V. O.
Saint-Thierry	—	Marne	G. V.
Sancerre 1ers	—	Cher	V. O.
Saumur 1ers	—	Maine-et-L.	V. F.
Sillery	—	Marne	G. V.
Tournon	—	Ardèche	V. C.
Verzenay	—	Marne	G. V.
Verzy	—	—	G. V.
Vouvray	—	Indre-et-Loire	G. O.

Vins d'Alsace

NOMS DES VINS	DÉPARTEMENTS	QUALITÉS
Vins rouges		
Ammersschwihr 1ers	Haut-Rhin	V. F.
Geisbourg (Kaisersberg 1ers)	—	V. F.
Ribeauvillé 1ers	—	V. F.
Riquewihr 1ers	—	V. F.
Walbach 1ers	—	V. F.
Vins blancs		
Colmar, territoire 1ers	Haut-Rhin	V. F.
Guebwiller	—	V. F.
Molsheim (Finkenwein)	Bas-Rhin	V. F.
Ribeauvillé	Haut-Rhin	V. F.
Riquewihr	—	V. F.
Saverne	Bas-Rhin	V. F.
Turckheim	Haut-Rhin	V. F.
Wolxheim (Riesling)	Bas-Rhin	V. F.

Vins de liqueurs français

NOMS DES VINS	DÉPARTEMENTS	QUALITÉS
Collioure	Pyrénées-Orientales	V. F.
Cospéron	—	V. F.
Finkenwein de Molsheim	Bas-Rhin	V. F.
Grenache de Banyuls-sur-Mer ..	Pyrénées-Orientales	V. F.
Grenache de Beaume	Vaucluse	V. F.
Riesling de Wolxheim	Bas-Rhin	V. F.
Muscats de :		
Beaume	Vaucluse	V. F.
Cassis	Var	V. F.
Ciotat (la)	—	V. F.
Frontignan	Hérault	G. V.
Lunel	—	G. V.
Montbazillac	Dordogne	V. F.
Rivesaltes	Pyrénées-Orientales	G. V.
Roquemaure	Var	V. F.

Vins de Champagne

C'est seulement dans une partie de l'ancienne province de Champagne, dans le département de la Marne, arrondissements de Reims et d'Epernay, que l'on fait ces vins. Les principaux crus sont ceux de : Avize, Ay, Bouzy, Chigny, Crâmant, Mailly, Mareuil, Rilly, Sillery, Vertus, Verzenay, Verzy.

C'est en vain que certains imitateurs étrangers essaient de fabriquer des vins mousseux similaires ; leurs produits n'arrivent jamais à la même perfection, ils sont au vrai champagne ce que la lune est au soleil.

Gloire à ce vin français qui réjouit la vue et l'esprit. On le voit sur toutes les tables, dans tous les grands dîners du monde entier, venant étaler dans le gosier du gourmet l'apothéose de son extravagante perfection.

La quantité exportée est immense, plus de 22 millions de bouteilles chaque année, dont une grande partie en Angleterre.

Facilement assimilable, réconfortant et reconstituant il peut être bu à haute dose. Les médecins le recommandent aux vieillards débiles incapables de prendre une nourriture plus solide.

Fabrication

Avant que la fermentation ne soit terminée, le vin est mis en bouteilles que l'on ferme hermétiquement. La fermentation continue dans la bouteille et forme de l'acide carbonique qui se dissout dans le liquide et s'allie à l'air que la bouteille contient. C'est ce gaz qui chasse le bouchon, fait pétiller le vin et produit la mousse.

Les bouteilles sont tenues couchées, jusqu'à ce que la fermentation soit terminée.

Il se produit alors sur le flanc de la bouteille un dépôt de ferment. Ceci doit être expulsé et l'est en effet par une opération que l'on appelle dégorgement.

Pour cela on laisse les bouteilles inclinées sur leurs goulots pendant deux ou trois mois et on les remue de temps en temps pour que le dépôt qui s'était formé sur le flanc de la bouteille se détache et vienne adhérer au bouchon. Alors, en maintenant toujours la bouteille inclinée sur le goulot, on fait sauter le bouchon. La force du gaz chasse le dépôt avec le bouchon, le vin est épuré, on remplit le vide avec du vin semblable, on ajoute la dose voulue d'une liqueur spéciale. On bouche, on attache bien le bouchon d'abord avec une ficelle, puis avec du fil de fer.

On laisse reposer ces bouteilles en cave pendant un certain temps (plusieurs mois ou même plus d'une année), et il n'y a plus ensuite qu'à bien habiller les bouteilles et à les expédier. Après quelques années de verre, le vin doit être entièrement développé.

Sortes de Champagne

Il y a trois sortes de champagne :

Mousseux. — Crémants. — Tisanes.

MOUSSEUX. Pétillent beaucoup, moussent abondamment, chassent le bouchon avec une force bruyante.

CREMANTS. Leur mousse moins profuse que celle des mousseux ressemble à une écume crémeuse bientôt dissipée. Ces vins sont en général plus chers et plus délicats que les autres.

TISANES. Sont des mousseux de 2e ou 3e choix, sans grand mérite mais agréables à boire.

Cuvées

Afin de satisfaire les goûts variables des consommateurs les cuvées ne sont pas toujours composées de la même façon.

Les proportions de raisins blancs et noirs changent souvent.

Les procédés de fermentation, soutirage, collage, sont différents.

Les liqueurs ajoutées sont faites avec des doses variées de produits complexes.

C'est pour cela que les cuvées sont numérotées afin de pouvoir les distinguer les unes des autres.

On ajoute aussi la dénomination de : extra-sec, sec, demi-sec ou doux suivant le cas, ou brut.

PARTICULARITÉS

des différentes années pour les Champagnes

1957 Bonne année.
1956 Récolte réduite. Année moyenne.
1955 Bonne année.
1954 Assez bonne année.
1953 Très bonne année. Très équilibrée.
1952 Assez bonne année.
1951 Mauvaise année.
1950 Année moyenne.
1949 Grande année. Vins solides et charpentés.
1948 Bonne année. Vins fins et élégants.
1947 Bonne année. Vins très corsés.
1946 Bonne année. Vins bien équilibrés.
1945 Année médiocre.
1944 Bonne année. Vins bien équilibrés.
1943 Très bonne année. Vins corsés.
1942 Très bonne année. Vins très élégants.
1941 Bonne année.
1940 Très bonne année. Récolte très réduite.
1939 Année médiocre.
1938 Année médiocre dans l'ensemble.
1937 Année remarquable sous tous rapports.
1936 Bonne année. Qualité moyenne.
1935 Moyenne réduite. Passable.
1934 Très bonne année. Ton et qualité.
1933 Quantité et qualité moyennes.
1932 Petite année très ordinaire.
1931 Négligeable.
1930 Peu, mais bons.
1929 Grande quantité. Très bons.
1928 Quantité et qualité satisfaisantes.
1927 Quantité et qualité médiocres.
1926 Peu, mais très bons.
1925 Quantité réduite. Qualité moyenne.
1924 Rien de marquant. Passables.
1923 Peu, mais très bons.
1922 Bonne quantité. Qualité modérée.
1921 Peu, mais remarquables.
1920 Vin léger, à peine bonifié.
1919 Bon, quantité moyenne.
1918 Peu et léger.
1917 Peu mais très bon.

1916 Peu, qualité passable.

1915 Bon, quantité moyenne.

1914 Très bon et beaucoup.

1913 Peu et médiocre.

1912 Quantité moyenne, assez bon.

1911 Peu, mais très bon.

1910 Peu et médiocre. — 1909. Rien de bon.

1908 Négligeable. — 1907. Peu et médiocre.

1906 Quantité moyenne, très bon.

1905 Peu et médiocre.

1904 Grande quantité. Bonne qualité.

1903 Beaucoup. Assez bon. — 1902. Médiocre.

1901 Grande quantité, mais qualité inférieure.

1900 Bon, élégant, fin.

1899 Satisfaisant comme qualité et quantité.

1898 Sera un bon vin, fin et délicat.

1895 Promet d'être un bon vin. Mais à soigner.

1894 Rien de bon.

1893 Un grand vin, supérieur au 1892 dans certaines marques.

1892 Très bon vin à recommander.

1891 Rien de bon. — 1890. Rien de bon.

1889 Vin excellent, mais réellement trop cher.

1888 Médiocre. — 1887. Assez bon, léger.

1886 Rien de bon. — 1885. Médiocre, acide.

1884 Excellent, une des meilleures années.

1883 Très peu et médiocre.

1882 Médiocre, vert, acide. — 1881. Passable.

1880 Très bon, élégant, fin.

1879 Très peu et très médiocre.

1878 Très bon, fin, délicat.

1877 Médiocre, dur, acide.

1876 Médiocre, dur, acide.

1875 Un peu meilleur que 1876.

1874 Excellent corsé, coloré, magnifique.

1873 Médiocre, acide. Très peu. — 1872. Ordinaire.

1871 Médiocre. — 1870. Bon et assez élégant.

1869 Médiocre. — 1868. Très bon, élégant, corsé.

1867 Médiocre, mais peu.

1866 Beaucoup, mais sans qualité marquante.

1865 Excellent capiteux, une des meilleures années

Vins étrangers

AFRIQUE

Ile de Madère

Rouge : Vino Tinto 1ers G. V. — Blanc : Sarcial G. V.

Les madères n'atteignent leur maturité complète qu'après 6 ou 8 ans de tonneau et 20 à 25 ans de bouteille. On abrège cette longueur de temps en tenant le vin pendant 4 ou 5 mois dans une étuve bien chauffée. Mais le système qui donne les meilleurs résultats de vieillissement artificiel est sans contredit celui qui consiste à expédier le vin en fût sous le climat tropical des Indes, et à l'y faire voyager ainsi pendant quelques mois. Ce vin acquiert ainsi très rapidement un haut degré de développement et de perfection. On le connaît alors sous le nom de **retour des Indes.** Certains vins rouges français de grands crus sont traités de la même façon.

Iles Canaries

Rouge : Ile de Ténériffe 1ers V. F. — Se vendent comme madère, mais sont moins parfaits.

Açores

L'archipel 1ers V. F. — Se vendent comme madère, mais sont moins parfaits.

Algérie

Les vins algériens sont caractérisés par leur haute teneur en alcool (12 à 14°) et leur forte couleur. Ce qui les fait rechercher pour les coupages.

Les cépages employés ont été choisis parmi les meilleurs de France. Les résultats sont excellents.

Les vignobles forment trois catégories : plaines, coteaux, montagnes. Malheureusement le négoce présente la production sous forme de marques commerciales, aux qualités immuables, assurées par de savants dosages ; au lieu de s'efforcer de créer des noms de crus, régis normalement par la clémence des années.

Le **Malvoisie de Staouéli** qui possède les mêmes qualités que les madères et xérès, atteindrait bientôt une grande renommée, s'il était convenablement lancé.

Les années de pénurie et de bouleversement des marchés qui furent celles de la guerre, ont évidemment diminué dans de fortes proportions le potentiel de production vinicole algérien et le vignoble actuel des trois départements se trouve amputé de vignes arrachées pour improductivité et maladies. Mais la qualité des vins produits demeure et gagne même chaque année par pénétration des méthodes rationnelles de vinification et choix des cépages. L'Algérie moderne produit d'excellents vins, reconnus tels par les plus authentiques autorités vinicoles de France. Et d'ailleurs, consécration vient d'être donnée à ces vins puisque, officiellement, l'Algérie a été admise au classement d'une partie dûment sélectionnée de sa vigne dans le groupe envié des Vins Délimités de Qualité Supérieure. Voici une brève nomenclature des principaux crus algériens, compte tenu que les vins rouges, rosés et blancs dits « de consommation courante » sont d'une tenue, d'une couleur, d'un bouquet, d'un corps qui en font, en général, des vins de table de premier choix. Le degré moyen de ces vins courants est compris entre 10°5 et 11°5.

V.D.Q.S.

Département d'Oran : Mascara (13°), Tlemcen (13°), Imbert (12°5), Mostaganem (13°).

Département d'Alger : Médéa (12°), Haut-Dahra (12°), Zaccar (12°), Aïn-Bessem (12°).

Le département de Constantine produit également des vins de grand choix, notamment dans la région de Souk-Ahras, dans les coteaux des environs de Bône (Guébar), dans la vallée de Jemmapes et sur la colline philippevilloise de Béni-Mélek (13°).

En outre, le Commerce présente, depuis fort longtemps, des vins de coupages savants et admirables, sous des marques mondialement connues, pour la plupart, et qui, comme maints V.D.Q.S., peuvent hautement rivaliser avec la plupart des vins similaires de la Métropole.

Maroc

Vient rapidement à la viticulture. Ce merveilleux climat produira bientôt, par des plants sélectionnés, toute une gamme de rouges et blancs ayant les qualités des meilleurs vins d'Espagne.

La production marocaine s'intensifie chaque année. Pour l'instant, les vins produits, bien qu'il y en ait de remarquables (Beni-Amar), sont des vins ordinaires de qualité incontestable qui ne pourront que s'améliorer par la suite.

Tunisie

Les vignobles s'accroissent chaque année. Ces vins corsés, chauds, fruités sont très bons et recherchés pour les coupages.

Le petit vignoble tunisien, gravement atteint par la guerre et ses destructions directes, continue cependant à donner, en certains points privilégiés, des vins de qualité excellente, notamment dans la région de Grombalia et aux environs de Tunis. Mais il s'agit surtout de vins de table ordinaires, titrant en moyenne 11° et de bonne tenue.

AMÉRIQUE

Etats-Unis

ROUGES		BLANCS
California 1ers	V O	Les mêmes crus et qualités
Georgie	V C	
Missouri	V C	
New York	V C	
Ohio	V C	

Mexique

Rouges et Blancs.

Rio del Norte	V. O.
San Luis de la Paz	V. O.

Etats du Sud

Rouges et Blancs.

Argentine .... V. C.
Brésil .... V. C.
Chili .... V. C.
Pérou .... V. C.

ASIE

Perse

Rouges

Shiraz .... G. V.
Ispahan .... G. V.

Blancs

Shiraz .... G. V.

AUSTRALIE

Fournit une grande quantité de vins très médiocres, mais qui ont été baptisés de noms pompeux tels que : Burgondy ou Burgoyne pour Bourgogne, Claret pour Clairet de Bordeaux, Hock pour les vins du Rhin, etc.

Il est bon de se tenir en garde contre ces vins et de les refuser impitoyablement lorsque les commerçants indélicats ou ignorants cherchent à les écouler aux lieu et place des produits véritables.

EUROPE

Allemagne

Vins du Rhin

Assmannhausen 1ers (rouge) .... G. V.
Diedesheimer .... V. F.

Durckheim .... V. F.
Forster .... V. F.
Hinterhausser .... V. F.
Hockheimer .... V. F.
Johannisberg .... G. V.
Liebfraumilch .... V. F.
Marcobrunner .... V. F.
Niersteiner .... V. O.
Rauenthaler .... V. F.
Rudesheimer .... G. V.
Rupertsberg .... V. F.
Steinberger .... V. F.
Ungstein .... V. F.

Vins de la Moselle

Aberommel .... V. F.
Bernkastler .... V. F.
Brauneberger .... V. F.
Graach .... V. F.
Grunhau .... V. F.
Josefshofer .... V. O.
Piesporter .... V. F.
Saarburg .... V. F.
Scharzberger .... V. F.
Thiergarten .... V. F.
Zeltinger .... V. O.

N. B. — Les vins de la Moselle sont souvent pétillants.

Autriche

Rouges

Kahlenberger .... G. V.
Vöslau Goldeck .... V. F.

Blancs

Vöslau Goldeck .... V. F.

Espagne

Rouges

Alicante (tinto) .... V. F.
Benicarlo .... V. O.
Huesca .... V. O.
Malaga .... V. F.

Olivenza 1ers .... G. V.
Priorato .... V. O.
Rioja 1ers .... V. O.
Tarragone .... V. O.
Tinto de Rota .... G. O.
Val de Penas 1ers .... V. F.

Blancs

Amontillado (Xérès) .... V. F.
Malaga .... V. F.
Pajarète .... G. V.
Péralto .... V. F.
Xérès 1ers .... G. V.
Xérès de la Frontera .... G. V.

Grèce

Rouges

Morée 1ers .... V. O.

Blancs

Clos Marathon .... V. F.

Hongrie

Rouges

Hongrie 1ers .... G. V.

Italie

L'Italie produit une grande quantité de vins de différentes qualités, que les négociants français recherchent pour leurs coupages ; et beaucoup de très bons vins de liqueurs.

Vins rouges italiens

NOMS DES VINS	RÉGIONS	QUALITÉS
Albano	Rome	V. O.
Albe 1ère	Piémont	G. O.
Artiminio	Toscane	V. O.
Asti 1ère	Piémont	G. O.
Barbera	—	V. F.
Barolo	—	G. O.
Carmignano	Toscane	V. O.
Castel Franco	—	V. O.
Castellamare	Sicile	G. O.
Catane	—	V. O.
Chaumont 1ère	Piémont	G. O.
Chianti	Toscane	G. O.
Gogole	—	V. O.
La Marchia	Sicile	G. O.
Lary	Toscane	V. O.
La Rufina	—	V. O.
Mascoli	Sicile	V. O.
Mellazo	—	V. O.
Montalcino	Toscane	G. O.
Montepulciano	—	G. O.
Naples 1ère	Naples	G. O.
Orvietto	Terni	V. O.
Passignano	Toscane	V. O.
Perla di Sassela	Valteline	V. F.
Pomino	Toscane	V. O.
Renaggio	—	G. O.
San Giovani	Sicile	G. O.
Sciarra	—	G. O.
Sonino	Toscane	V. O.
Taormina	Sicile	V. O.
Viterbe	Latium	V. F.

Vins blancs italiens

NOMS DES VINS	RÉGIONS	QUALITÉS
Albano	Rome	V. O.
Asti	Piémont	V. F.
Capri 1ère	Ile de Capri	G. O.
Castel Veterano	Sicile	V. F.
Marsala	—	V. F.
Vermouth	Ile d'Elbe	G. O.
Vino Sano	Lombardie	G. V.

Voir aux vins de liqueur étrangers, la richesse extraordinaire de l'Italie dans cette classe de vins.

Portugal

Rouges

Beira 1ers	V. F.
Cartaxo	G. O.
Collarès	G. O.
Porto 1ers	G. O.
Torrès Védras	V. F.

Blancs

Algarve	V. F.
Bucellas	G. O.
Carcavellas	G. O.
Porto 1ers	G. V.

PARTICULARITÉS

des différentes années pour les Porto

1932 Variable, à voir.
1931 Variable. Rien de remarquable.
1930 Peu. Médiocre.
1929 Quantité et qualité moyennes.
1928 Peu. Variable.
1927 Quantité réduite. Bonne qualité.
1926 Peu. Quelques très bons.
1925 Quantité moyenne. Qualité variable.
1924 Quantité réduite. Très bons.

1923 Quantité et qualité moyennes.
1922 Quantité. Bonne qualité.
1921 Peu. Mais excellent.
1920 Peu, quelques bons. — 1919. Quantité, assez bon.
1918 Peu, sec, médiocre.
1917 Quantité moyenne, bonne qualité.
1916 Bon, qualité moyenne.
1915 Peu, quelques bons. — 1914. Bon, mais peu.
1913 Peu et médiocre. — 1912. Très bon.
1911 Peu et variable. — 1910. Peu et médiocre.
1909 Passable. — 1908. Très bon. — 1907. Négligeable.
1906 Médiocre, quelques bons.

1905	Peu et médiocre.
1904	Très bon.
1903	Négligeable.
1902	Médiocre.
1901	S'est mal développé.
1900	Bon.
1899	Passable.
1898	Peu, passable.
1897	Inégal, quelq. bons.
1896	Très bon vin.
1895	Légers, peu de bons.
1894	Médiocre, qq. bons.
1893	Très mauvais.
1892	Qualité moyenne.
1891	Quelques bons.
1890	Bon, corsé.
1889	Bonne qualité.
1888	Médiocre.
1887	Très bon.
1886	Inférieur.
1885	Inégal, assez bon.
1884	Bon.
1883	Inférieur.
1882	Médiocre.
1881	Bon.
1880	Variable.
1879	Très mauvais.
1878	Très bon, excellent.
1877	Médiocre.
1876	Inférieur.
1875	Très bon.
1874	Inégal, quelq. bons.
1873	Très bon.
1872	Bon.
1871	Inférieur.
1870	Excellent.
1869	Médiocre.
1868	Supérieur.
1867	Inégal, assez bon.
1866	Médiocre.
1865	Amélioré.
1864	Pauvre, faible.
1863	Grand vin.
1862	Sec et bon.
1861	Bon, satisfaisant.
1860	Sec, assez bon.
1859	Passable.
1858	Sec, très bon.
1857	Mauvais.
1856	Très mauvais.
1855	Mauvais.
1854	Inégal, plutôt bon.
1853	Très bon.
1852	Bon.
1851	Variable, assez bon.
1850	Très bon.
1848	Sec, bon.
1847	Grand vin.
1846	Bon.
1844	Très bon.
1842	Excellent.
1840	Magnifique.

U.R.S.S.

Les vins blancs et rouges, tous communs d'ailleurs, sont produits par les territoires de Caffa, Sandogh Taganrog.

Yougoslavie

Rouge : Kraïna... V. O. — Blanc : Jelitza... G. O.

Roumanie

NOMS DES VINS	RÉGIONS	QUALITÉS
Cotnari	Yassi	V. C.
Delaon	Prahova	V. C.
Dragachani	Valcao	V. C.
Mari	Buris	V. C.
Odobechli	Putna	V. C.

Les mêmes crus produisent aussi des vins blancs, de qualité aussi négligeable que celle des rouges.

Suisse

La Suisse produit une quantité de vins estimés dont les plus renommés sont ceux ci-après :

NOMS DES VINS	RÉGIONS	QUALITÉS
Rouges		
Bonneville 1ers	Genève	G. O.
Bossey 1ers	—	G. O.
Boudry 1ers	Neufchâtel	G. O.
Brigue 1ers	Valais	G. O.
Coligny 1ers	Genève	V. F.
Cortaillod 1ers	Neufchâtel	V. F.
Faverge 1ers	—	V. F.
La Côte 1ers	Vaud	G. O.
Martigny 1ers	Valais	G. O.
Pressinge 1ers	Genève	G. O.
Saint-Aubin 1ers	Neufchâtel	G. O.
Vevey 1ers	Lavaux	G. O.
Yvonne 1ers	—	G. O.
Blancs		
Côte des Dézaley	Vaud	G. O.
Cully	—	G. O.
La Côte	—	G. O.
Roife	—	G. O.

Balkans, Grèce, Liban

Vins rouges

Albanie 1ers		G. O.
Candie (l'île) 1ers	Grèce ...	G. O.
Chio (l'île) 1ers	Grèce ...	G. O.
Chypre (l'île) 1ers	Chypre ..	V. F.
Macédoine 1ers	Divers ..	G. O.

Vins blancs

Vin de la Loi (Candie)	Grèce	V. F.
Vino d'oro (Beyrouth)	Lattaquieh .	V. F.
Nectar de Mesta (Chio)	Grèce	V. F.

Vins de Liqueurs Étrangers

NOMS DES VINS	PAYS	QUALITÉS
Aleatico d'Arceti, Toscane	Italie	V. F.
Bonarde de Cassal, Piémont	—	V. F.
Commanderie de Chypre	Chypre	G. V.
Constance Cap de Bonne-Espérance. Rouge et blanc	Afrique	G. V.
Lacryma Christi. Naples	Italie	G. V.
Malvoisie d'Asti. Piémont	—	V. F.
— de Canelli. Piémont	—	V. F.
— de Chambave. Piémont ..	—	V. F.
— Madère	Ile de Madère	G. V.
— de Morée	Grèce	G. V.
— de Sierre	Suisse	V. F.
Muscat de Martigny	—	V. F.
Muscat d'Albano	Italie	G. V.
— de Monte Fiascone	—	G. V.
— de Syracuse	Sicile	G. V.
Rosolio de Toscane	Italie	G. V.
Schiraz	Perse	G. V.
Tinto d'Alicante	Espagne	G. V.
Tokay	Hongrie	G. V.
Vino Greco de Naples	Italie	G. V.
— Santo de Lombardie	—	G. V.
— — Ile de Santorin	Grèce	V. F.

Vins de Liqueurs de l'Afrique du Nord

1° ALGERIE

Cette production est presque uniquement l'apanage du Commerce, car les grands domaines qui en produisent et en vendent directement au public sont aussi de grandes organisations commerciales. C'est ainsi qu'il y a des vins de liqueur célèbres, parmi lesquels nous citerons, au hasard, le vin doux naturel et le muscat des Pères Blancs (Maison-Carrée) ; le Grenache, l'Alicante, le Rancio et le Porto de la Trappe de Staouéli ; le Béni-Chama d'Oranie ; l'El-Keurto, genre Porto, d'Oranie également. Le commerce élabore en outre, chaque année, une quantité relativement considérable de produits genre « mistelles » fort demandés par l'étranger, et énormément de quinquina à base de vins à hauts degrés.

2° TUNISIE

Seul, ou presque, le fameux « Muscat de Carthage », est connu. Il rivalise avec bonheur avec les muscats les plus réputés du monde.

3° MAROC

Le Maroc ne produit pas encore, du moins en quantités exportables, des vins spéciaux ou de liqueur.

Décantation

Les vins déposent toujours plus ou moins en bouteille.

Pour boire le vin pur et en obtenir toutes les qualités, il est indispensable d'éviter de remêler le dépôt dans le liquide.

Il faut donc mettre la bouteille à décanter dans un panier **ad hoc** et l'y maintenir couchée, le dépôt en dessous. La déboucher sans secouer et transvaser son contenu dans une autre bouteille ou carafe sans agiter. Regarder attentivement, arrêter le versement aussitôt que le dépôt commence à couler ou se mélange au liquide qui reste dans la bouteille.

Il est bon de chauffer un peu les vins de Bordeaux qui viennent directement d'une cave fraîche.

Pour cela après décantage, on bouche bien la carafe

et on la plonge pendant 2 ou 3 minutes dans de l'eau tiède à 20 ou 25 degrés centigrades.

Cette opération a pour but de dégager l'intensité de l'arome ou bouquet en augmentant sa force d'expansion.

Mais il est grandement préférable de tempérer le vin en l'apportant dans la salle à manger une demi-heure ou plutôt une heure avant le repas.

ALCOOLS

Distillation

Tout le monde sait que l'alcool étant très volatil s'échappe facilement sous forme de vapeur des liquides qui sont chauffés à un certain degré. L'évaporation est faite dans un appareil spécial appelé « alambic » et par refroidissement l'alcool est ramené à l'état liquide.

C'est le vin qui produit les meilleures qualités d'alcool (esprit, eau-de-vie, cognac, fine champagne).

Les meilleurs alcools français sont ceux des deux Charentes, puis par ordre diminutif de qualité, ceux du Gers (Armagnac), de Montpellier, etc.

Bonification

Ainsi que pour les vins, l'action des futailles sur les alcools est très importante ; aussi choisit-on des bois dont la composition renferme les substances nécessaires à l'amélioration de ces liquides.

Les meilleurs bois sont le chêne et le châtaignier. Les merrains de Dantzig, Stettin, Angoulême, de Bosnie et de la partie septentrionale de l'Amérique du Nord sont particulièrement renommés pour cet usage.

Lorsque par distillation les eaux-de-vie ont été amenées au degré alcoolique voulu, on les met dans ces fûts spéciaux dans lesquels elles acquièrent en vieillissant la couleur ambrée et une partie de leur saveur aromatique ; l'autre partie étant propre à l'alcool et provenant du vin dont on l'a extrait.

Quand les eaux-de-vie sont arrivées à maturité de futaille on les met en bouteilles bien bouchées de liège très long et très sain. On habille la bouteille avec tout ce qui peut lui donner la garantie d'origine et l'on expédie.

Les bouteilles d'alcool doivent toujours être tenues debout.

Dès qu'elle est dans la bouche, une fine champagne parfaite doit faire éclater toutes ses qualités avec la force d'un feu d'artifice d'ailleurs aussitôt éteint, ne laissant plus ensuite que l'embaumante sensation de son bouquet subtil et pénétrant ; mais, sans l'arrière-goût si dur particulier aux alcools communs après le déboire.

Les meilleures années de production sont :

1937, 1936, 1934, 1933, 1932, 1931, 1929, 1928, 1926, 1924, 1923, 1922, 1920, 1919, 1917, 1916, 1914, 1913, 1911, 1909, 1906, 1904, 1900, 1896, 1893, 1890, 1887, 1881, 1878, 1875, 1874, 1868, 1865, 1858, 1850, 1848, 1842, 1838, 1830, 1826, 1825, 1824, 1820, 1818, 1815, 1811, 1805, 1804, 1800.

AGE DES ALCOOLS

On a vu ci-dessus que c'est seulement dans des futailles appropriées que les alcools acquièrent saveur et maturité. — Après leur mise en bouteille ils ne se bonifient plus. — Il résulte de ce fait que : si une fine champagne avait 10 ou 15 ans lors de sa mise en flacon, elle n'aura jamais que cet âge, au point de vue maturité, la bouteille ne fût-elle débouchée qu'un siècle plus tard.

Il n'y a donc pas lieu de s'émerveiller au sujet d'un spiritueux qui pourrait paraître vénérable par son grand âge natal. Il ne peut avoir que les mêmes qualités qu'il possédait en revêtant son corset de verre.

Une fine 1900, mise en bouteille en 1910, n'aura toujours que 10 ans d'âge qualitatif en 1960.

Quant au vieillissement indéfini, en futaille, au bout de quelques lustres il deviendrait non seulement trop dispendieux, mais même impossible homogéniquement.

QUATRIÈME PARTIE

LES EAUX MINÉRALES

Cette étude succincte n'est publiée ici que pour répandre dans une importante et intéressante classe de la société, « personnel d'hôtels et restaurants », une espèce d'érudition en la matière, et indiquer d'une manière générale l'action calmante, curative et régénératrice des eaux minérales — proprement appliquées — dans certains cas morbides. Mais, quelle que soit sa maladie, le lecteur devra toujours consulter un médecin, seul juge des qualités et de l'efficacité de telle ou telle eau, ainsi que de l'opportunité de l'ordonner. Car, d'après leur constitution, leurs dispositions organiques, la gravité de leur état, il est souvent nécessaire de prescrire des eaux différentes à des personnes atteintes de maladies pourtant semblables.

Le lecteur devra se défier des prétentieuses propriétés curatives annoncées sur les étiquettes de certaines bouteilles, prétentions qui, si elles étaient justifiées, feraient de ces eaux une sorte d'universelle panacée.

Il est prévenu aussi contre l'habitude de boire indifféremment une eau minérale quelconque, parce qu'on l'a sous la main ou qu'elle ne coûte rien ; cette pratique est souvent très nuisible et peut avoir les plus funestes conséquences pour l'organisme.

LES EAUX EN GÉNÉRAL

L'eau occupe les 3/4 de la surface du globe terrestre, on la trouve presque partout, à différentes profondeurs, dans l'intérieur de la terre. Les végétaux, les plantes et leurs fruits en contiennent une très forte proportion. Notre corps, ainsi que celui des animaux, en contient les 3/4 de son poids total. L'eau domine dans le sang et dans toutes les humeurs.

L'eau ordinaire est un liquide inodore, insipide et transparent. Parmi tous les produits naturels — tant par son abondance puisqu'elle existe partout, que par ses multiples utilités — l'eau est certainement le plus important des principaux agents indispensables à notre existence.

Le rôle de l'eau, au point de vue de notre économie organique, est tellement complexe, que l'on peut dire avec certitude qu'elle est indispensable à nos organes dans leurs différentes fonctions : absorption, digestion, circulation, assimilation, sécrétion, excrétion et respiration. Elle agit de trois manières distinctes dans l'estomac et les intestins :

1° Mécaniquement, pour délayer les aliments, facilitant ainsi le travail de l'appareil digestif.

2° Physiquement, par ses propriétés dissolvantes des matières nutritives, et, en aidant aussi à la circulation et au transport de ces produits assimilés dans le sang, et en facilitant la sécrétion.

3° Chimiquement pour former les éléments assimilables et concourir à leur absorption organique.

La soif, cette douloureuse sensation, plus terrible que la faim, provient du manque d'eau dans notre machine humaine et du desséchement des muqueuses qui en résulte.

Par ce bref exposé on peut donc facilement se convaincre que l'eau **pure** est notre boisson naturelle, et qu'elle peut parfaitement suffire aux personnes de constitution saine.

L'eau est composée de deux gaz liquéfiés : l'hydrogène et l'oxygène, dont le rapport quantitatif de volume est d'environ 2 parties d'hydrogène contre une d'oxygène. En poids, dans un litre d'eau pure à 4° centigrades pesant exactement 1 kg, il y a 111 grammes 110 d'hydrogène et 888 grammes 890 d'oxygène.

Les eaux sont divisées en trois grandes catégories qui peuvent chacune être l'objet de nombreuses subdivisions : 1° les eaux potables ; 2° les eaux non potables ; 3° les eaux minérales.

1° Eaux Potables

L'eau potable ou eau douce est ou doit être : fraîche, sans couleur, sans odeur, très limpide, sans aucune saveur. Elle dissout le savon en produisant une mousse profuse.

Sous cette dénomination, on range les eaux des puits, sources, rivières, qui proviennent toutes de la pluie. L'eau des puits, ainsi que celle des sources, est de qualité variable dépendant de la nature du terrain qu'elle traverse. Les eaux des rivières proviennent de la fonte des neiges, des glaciers des montagnes, ainsi que des sources.

2° Eaux non Potables

Les eaux non potables, appelées aussi eaux dures ou crues, sont celles des marais, puisards, mares, étangs, en général toutes les eaux stagnantes presque toujours souillées de matières étrangères. Tenant en suspens des germes de corruption et de contamination, elles sont ordinairement nauséabondes, troubles, fades, quelquefois salées et par conséquent impropres à la consommation. Les eaux dures et les eaux de mer, salées, ne dissolvent pas entièrement le savon, elles le désagrègent simplement en grumeaux et elles durcissent les légumes.

Toutes ces eaux peuvent être rendues potables par l'évaporation qui les sépare des matières dont elles étaient chargées, et qui restent déposées au fond du récipient après l'opération. Quelquefois il est suffisant de filtrer celles qui ne sont point salées.

3° Eaux Minérales

On comprend dans cette dénomination les eaux naturelles gazeuses ou non gazeuses : froides, tièdes ou chaudes, de saveur et d'odeur variables, qui jaillissent du sol chargées de principes fixes ou volatils, et dont l'expérience a démontré les propriétés hygiéniques et thérapeutiques.

Les principes fixes ou gazeux, contenus en dissolution dans les eaux minérales, proviennent de la composition chimique des couches terrestres qu'elles traversent.

En général, les eaux minérales pures sont incolores. Parfois, cependant, leur limpidité est troublée par une dissolution de soufre qui leur donne une apparence blanchâtre ou opale. Parfois aussi, un excès de minéralisation en suspens ou l'oxydation en altère la transparence.

Leur saveur qui varie beaucoup d'après leur composition, peut être agréable, aigre, amère, douce, nauséabonde, piquante ou salée.

Leur odeur est ordinairement peu prononcée, excepté pour les eaux fortement sulfureuses qui possèdent un parfum caractéristique, suggestif, d'œufs pourris.

Leur température, parfois assez élevée et variant de 6 à 95° centigrades, s'explique par le fait que la chaleur terrestre augmentant d'un degré par chaque 33 mètres de profondeur, les eaux les plus chaudes doivent donc provenir d'une plus grande profondeur. Cette thèse, quoique admise en général, ne forme point une règle absolue ; car, pendant leur parcours souterrain pour arriver au point de jaillissement à la surface du sol, les eaux peuvent subir des refroidissements provoqués par la nature des couches qu'elles traversent, ou par le mélange ou le contact avec d'autres nappes ou veines liquides, plus froides, qui abaissent ou annulent la chaleur initiale.

De même que leur température, la composition chimique des eaux minérales présente des variances multiples, ainsi d'ailleurs que leurs effets physiologiques et thérapeutiques.

Leur action bienfaisante (quand elles sont proprement appliquées) est le résultat des effets simultanés de l'eau, de la minéralisation et de la température ; et, quoique des différences nettement accusées séparent les diverses eaux, certaines d'entre elles possèdent, néanmoins, des analogies de type qui permettent de les grouper en un certain nombre de classes. Il en est de même pour les nombreuses maladies auxquelles notre délicat organisme est sujet, et qui causent des états morbides qui, quoique variés à l'infini, présentent pour certains d'entre eux des effets et indications similaires. La science a donc pu, avec une quasi-certitude, ranger les eaux minérales en un certain nombre de catégories correspondant à autant d'états pathologiques. Par l'application de ce système, on est arrivé à affecter chaque groupe d'eaux au traitement d'un groupe correspondant de maladies spéciales ; c'est l'art de la prescription des cures thermales.

Les eaux minérales sont administrées de différentes manières : en boissons, bains, douches, lotions, injections, inhalations, gargarismes, frictions, massages, etc. : mais, quel que soit le système prescrit pour leur emploi, le résultat est toujours plus satisfaisant si elles sont employées à leur température et dans leur état naturel d'émergence, à moins, toutefois, qu'elles ne soient trop chaudes pour être supportées.

Quel que soit le soin apporté à la mise en bouteille,

pour celles qui vont être bues et transportées au loin, même si cette opération est faite dans l'obscurité et dans des bouteilles de verre noir, le temps, la lumière et l'air ont une action plus ou moins marquée, mais toujours décomposante sur la plupart des eaux minérales. De plus leurs principes minéralisateurs se transforment, se métamorphosent quand ils sont en contact avec ou exposés à l'air et à la lumière.

On peut réchauffer à leur température initiale ou à celle qui est désirée les eaux ainsi transportées, et qui doivent être consommées ou employées à un certain degré de chaleur ; mais c'est un fait bien connu de tous ceux qui l'ont expérimenté, que les eaux ainsi traitées n'ont jamais la même saveur, ni des qualités aussi actives que celles bues ou employées à la source même. — D'ailleurs pour être complète, une cure thermale a presque toujours besoin de l'aide, du concours de l'air ambiant, de l'atmosphère même du lieu où se trouve la source. Les docteurs spécialistes sont tellement convaincus de l'exactitude de cette théorie, que dans leur sélection d'une station thermale, et parmi différentes localités produisant des eaux de qualités égales, ils sont parfois obligés (à leur grand regret), de prescrire la moins attractive comme lieu de plaisir, mais la plus bienfaisante au point de vue de la santé.

CLASSIFICATION

Leur composition très complexe en rend la classification exacte très difficile et souvent sujette à controverse ; mais elles sont généralement placées dans la section à laquelle leur principe minéralisateur le plus important, ou leur type le plus accentué appartient ; les autres éléments constitutifs n'étant plus considérés que comme accessoires. Elles sont classées en 7 groupes principaux : 1° gazeuses ; 2° sulfureuses ; 3° salines ; 4° arsenicales ; 5° alcalines ; 6° ferrugineuses ; 7° boues.

Parmi les eaux minérales celles de Vichy occupent une place prépondérante et méritent une mention spéciale.

La grande variété de leurs effets thérapeutiques et les bons résultats qui en découlent, leur assurent sur toutes les autres eaux similaires une suprématie incontestable.

D'ailleurs, en devenant la propriété de l'Etat, elles

ont reçu la consécration la plus éclatante de leur utilité publique.

1° Eaux Gazeuses

Le principe volatil qui s'échappe des eaux gazeuses naturelles, en bulles de grosseur variable, et plus ou moins abondantes, est ordinairement composé d'un mélange d'azote, d'oxygène et d'acide carbonique assemblés en proportions différentes. Les eaux chargées de gaz carbonique et appelées **acidulées** sont les plus connues et les plus remarquables. — Elles ont une action spéciale sur les membranes des intestins et les parois de l'estomac ; leur principe volatil revivifie ces organes et donne un renouveau d'énergie à leurs fonctions.

Après un usage raisonné et assez long de ces eaux, la digestion qui était pénible et lente auparavant, devient plus facile et plus vive. Ces eaux dissolvent les humeurs bilieuses et visqueuses, obstacles de la bonne digestion. Elles redonnent à tout l'appareil digestif une nouvelle vigueur et chassent la langueur et la mélancolie ; picotant très agréablement le palais, leur consommation procure au buveur une plaisante sensation.

Suivant la prédominance de l'un ou l'autre des principes fixes qu'elles contiennent : chaux ou soude, les eaux gazeuses sont **calciques** ou **sodiques.**

2° Eaux Sulfureuses

Ces eaux conviennent spécialement au traitement des maladies de la peau, ulcères et troubles herpétiques, aux affections des muqueuses de l'appareil respiratoire, aux rhumatismes chroniques, en général à toutes les affections traumatiques et aux convalescences de syphillis. — Elles sont excitantes et ont une action très stimulante sur les organes atrophiés.

Elles sont généralement divisés en sulfurées sodiques et sulfurées calciques. On rattache à ce groupe les sulfhydriquées qui contiennent de l'hydrogène sulfuré.

3° Eaux Salines

Elles contiennent différents sels en quantités plus ou moins importantes, mais leur principal élément minéralisateur est en général le chlorure de sodium. Celles dont le type est le plus accentué sont les chlorurées sodiques, les sulfatées sodiques, et les sulfatées magnésiennes. — Les chlorurées sodiques, muriatiques, diversement iodo-bromurées, ressemblent beaucoup aux eaux marines. D'autres, les salines ordinaires plus légères, contiennent peu de principes fixes et sont presque analogues à l'eau douce.

Ces eaux peuvent être froides ou chaudes. Leur action est stimulante chez les enfants de faible constitution et régularisatrice chez la femme. Elles provoquent la salivation, excitent la sécrétion des sucs gastriques intestinaux et stimulent ainsi les fonctions de l'appareil digestif.

4° Eaux Arsenicales

Leur principe le plus important est l'arsenic. Elles conviennent spécialement au traitement des affections herpétiques, catarrhe, asthme, paludisme.

Elles sont administrées différemment — d'après leur teneur d'arsenic et leur température ; mais elles sont (surtout au début) un traitement d'épargne, une sorte d'aliment antidéperditeur, leur action revivifiante et réconfortante aidant le malade à résister au progrès du mal qu'elles combattront ensuite.

5° Eaux Alcalines

Leur principe essentiel est le bicarbonate de soude. Elles sont utilement employées dans les cas suivants : maladies de l'estomac, du foie, coliques hépatiques, affections catarrhales des voies urinaires, diabète, goutte en dehors des états aigus, obésité, gravelle urique. — Elles favorisent la sécrétion de la bile, excitent les fonctions des reins ; elles rendent les urines alcalines, abondantes et claires, et entraînent au dehors les calculs et éléments de la gravelle.

6° Eaux Ferrugineuses

Elles sont presque toujours gazeuses. Les mieux supportées par l'estomac débile sont les carbonatées ferrugineuses, puis les sulfatées ferrugineuses. — Elles aident à la digestion, excitent l'appétit, et sont reconstituantes du sang.

Elles sont prescrites avec succès à la suite de fortes hémorragies, aux anémiés, aux faibles, aux convalescents de longues maladies.

7° Boues

On appelle boues minérales, les matières tourbeuses, marécageuses ou limoneuses dans lesquelles les eaux minérales ont déposé des principes fixes ou volatils qui s'y sont transformés, puis y ont développé leurs éléments minéralisateurs.

Les boues simples ou mélangées aux eaux mères sont employées avec succès, en bains ou en frictions, contre les maladies du système nerveux, les affections cutanées, les rhumatismes, les atrophies musculaires, les plaies et les ulcères.

STATIONS THERMALES FRANÇAISES

Sont indiquées successivement : la population, l'altitude, la durée de la saison et les principales indications médicales de la station.

Aix-en-Provence (Bouches-du-Rhône). — 52.217 ; 177 ; toute l'année ; *séquelles de phlébite*, varices, ulcères de jambe.

Aix-les-Bains (Savoie). — 15.680 ; 260 ; 15 avril-15 nov. ; *rhumatismes chroniques*, cellulite, goutte, séquelles de paralysie infantile.

Alet (Aude). — 695 ; 200 ; 1er juin-31 octobre ; voies digestives.

Allevard (Isère). — 2.515 ; 475 ; 14 mai-25 sept. ; *dilatation des bronches*, bronchites, *surdité*.

Amélie-les-Bains (Pyrénées-Orientales). — 2.882 ; 230 ; toute l'année ; *emphysème*, bronchite chronique, asthme du sujet âgé, rhinites, sinusites, rhumatismes.

Aulus (Ariège). — 402 ; 762 ; 10 juin-20 septembre ; circulation, peau.

Ax-les-Thermes (Ariège). — 1.422 ; 720 ; 15 mai-15 oct ; *rhumatismes*, dermatoses.

Bagnères-de-Bigorre (Hautes-Pyrénées). — 11.044 ; 556 ; 15 juin-30 sept. ; station d'*enfants*, arthritisme, sédation.

Bagnoles-de-l'Orne (Orne). — 658 ; 194 ; 25 avril-30 sept. ; *séquelles de phlébite*, ulcères variqueux.

Bagnols-les-Bains (Lozère). — 246 ; 913 ; juin-oct. ; cardiopathies.

Bains-les-Bains (Vosges). — 1.694 ; 308 ; mai-sept. ; maladies artérielles.

Balaruc-les-Bains (Hérault). — 1.700 ; 23 ; mai-oct. ; système nerveux.

Barbazan (Haute-Garonne). — 438 ; 450 ; 15 mai-15 oct. ; voies biliaires, constipation, amibiase.

Barbotan (Gers). — 250 ; 136 ; 10 avril-31 octobre ; maladies veineuses.

Barèges (Hautes-Pyrénées). — 374 ; 1.219 ; mai-oct. ; os, articulations, troubles des règles, eczéma.

Beaucens (Hautes-Pyrénées). — 244 ; 480 ; juin-sept. ; sciatique.

Biarritz (Basses-Pyrénées). — 22.922 ; niveau de la mer ; mai-sept. ; affections gynécologiques, suites de maladies tropicales.

Bidart (Basses-Pyrénées). — 2.362 ; niveau de la mer ; voies urinaires.

Boulou (Le) (Pyrénées-Orientales). — 2.188 ; 89 ; mars-déc. ; voies biliaires, foie colonial, dysenterie, paludisme.

Bourbon-Lancy (Saône-et-Loire). — 4.846 ; 262 ; mai-septembre ; *rhumatismes chroniques,* convalescence de rhumatisme articulaire aigu, goutte.

Bourbon-l'Archambault (Allier). — 2.663 ; 260 ; 10 mai-30 sept. ; rhumatismes chroniques, séquelles de rhumatisme aigu, hémiplégie, troubles des règles.

Bourbonne-les-Bains (Haute-Marne). — 2.702 ; 260 ; 16 avril-15 oct. ; rhumatismes, suites de fracture, névralgies, sciatique.

Bourboule (La) (Puy-de-Dôme). — 3.187 ; 852 ; 20 mai-30 sept. ; asthme de l'enfant, dilatation des bronches, eczéma.

Brides-les-Bains (Savoie). — 702 ; 572 ; 15 mai-30 sept. ; *obésité,* cellulite.

Bussang (Vosges). — 2.368 ; 599 ; 15 juin-15 sept. ; anémies.

Capvern (Hautes-Pyrénées). — 925 ; 450 ; 24 mai-6 oct. ; foie, rein, vessie.

Castéra-Verduzan (Gers). — 790 ; 104 ; juin-oct. ; voies digestives.

Cauterets (Hautes-Pyrénées). — 1.242 ; 932 ; 15 mai-30 oct. ; rhino-pharyngites, sinusites, surdité, laryngites, eczema, psoriasis.

Challes-les-Eaux (Savoie). — 1.294 ; 310 ; mai-sept. ; voies respiratoires, enfants.

Charbonnières-les-Bains (Rhône). — 1.000 ; 250 ; 1er mars-31 déc. ; rhumatisme chronique.

Châteauneuf-les-Bains (Puy-de-Dôme). — 533 ; 390 ; juin-sept. ; **rhumatisme.**

Châtel-Guyon (Puy-de-Dôme). — 2.755 ; 406 ; 10 mai-30 sept. ; constipation, colite, amibiase.

Chaudes-Aigues (Cantal). — 1.200 ; 750 ; mai-oct. ; rhumatisme.

Contrexéville (Vosges). — 1.785 ; 337 ; 20 mai-20 sept. ; maladies urinaires et biliaires, goutte, hypercholestérolémie.

Dax (Landes). — 14.557 ; 12 ; toute l'année ; rhumatismes, douleurs articulaires, suites de fractures.

Digne (Basses-Alpes). — 10.436 ; 608 ; mai-sept. ; maladies de la peau, rhumatisme.

Divonne-les-Bains (Ain). — 1.644 ; 500 ; toute l'année ; surmenage physique et intellectuel, insomnie, troubles nerveux, convalescence.

Eaux-Bonnes (Basses-Pyrénées). — 558 ; 750 ; 15 mai-15 oct. ; dilatation des bronches, rhino-pharyngites, rhumatisme chronique.

Eaux-Chaudes (Basses-Pyrénées). — 760 ; 656 ; juin-sept. ; gynécologie, voies respiratoires.

Encausse-les-Thermes (Haute-Garonne). — 435 ; 363 ; juin-oct. ; paludisme.

Enghien-les-Bains (Seine-et-Oise). — 12.062 ; 50 ; avril-déc. ; pharyngite, laryngite, sinusite, dilatation des bronches, rhumatisme, surdité.

Eugénie-les-Bains (Landes). — 407 ; 90 ; 1er juin-30 sept. ; entérite, entérocolite, colibacillose.

Evaux-les-Bains (Creuse). — 1.919 ; 469 ; mai-sept. ; rhumatisme chronique, goutte, cellulite, varices.

Evian (Haute-Savoie). — 4.353 ; 374 ; 1er mai-15 oct. ; hyperazotémies, troubles hépatiques et biliaires, goutte, obésité, insomnie, migraines.

Forges-les-Eaux (Seine-Maritime). — 2.836 ; 161 ; juin-sept. ; anémie.

Fumades (Les) (Gard). — 790 ; 130 ; juin-sept. ; nez, gorge.

Gréoux (Basses-Alpes). — 785 ; 360 ; mai-sept. ; rhumatismes.

Hammam-Riga (Alger). — 20.000 ; voies urinaires.

Lamalou-les-Bains (Hérault). — 1.355 ; 200 ; 1er avr.-31 octobre ; névralgies, névrites, myélites, paraplégies, tabes, tremblements, neurasthénie.

Léchère-les-Bains (La) (Savoie). — 1.251 ; 461 ;

10 mai-10 oct. ; varices, séquelles de phlébite, ménopause, gynécologie.

Lons-le-Saunier (Jura). — 15.030 ; 225 ; mai-sept. ; rachitisme, constipation, fibrome utérin.

Luchon (Haute-Garonne). — 3.666 ; 630 ; 15 mai-30 sept. ; rhinite, pharyngite, laryngite, surdité, bronchites, rhumatisme, eczéma, psoriasis.

Luxeuil-les-Bains (Haute-Saône). — 6.691 ; 306 ; 15 mai-15 sept. ; gynécologie, stérilité, varices, phlébites.

Marlioz (Savoie). — 150 ; 260 ; nez, gorge, oreilles, pyorrhées dentaires.

Molitg-les-Bains (Pyrénées-Orientales). — 198 ; 500 ; mai-oct. ; *maladies de la peau*, obésité, rhumatismes.

Mont-Dore (Le) (Puy-de-Dôme). — 2.511 ; 1.050 ; 25 mai-30 sept. : *asthme* de l'adulte et de l'enfant, bronchites à répétition, emphysème, rhinite spasmodique, polypose nasale.

Montmirail (Vaucluse). — 637 ; 200 ; juin-sept. ; rhumatismes.

Montrond-les-Bains (Loire). — 1.859 ; 370 ; mai-sept. ; foie, estomac.

Morsbronn-les-Bains (Bas-Rhin). — Rhumatismes.

Néris-les-Bains (Allier). — 4.595 ; 354 ; 15 mai-1er oct. ; névrites, névralgies, chorée, maladie de Parkinson, séquelles de rhumatisme aigu.

Niederbronn-les-Bains (Bas-Rhin). — 3.701 ; 192 ; mars-oct. ; tube digestif, foie, obésité, artériosclérose.

Orezza (Corse). — 126 ; 600 ; juillet-août ; anémie, paludisme, gynécologie.

Plombières (Vosges). — 1.485 ; 456 ; 15 mai- 28 sept. ; colites, diarrhées diverses.

Pougues-les-Eaux (Nièvre). — 1.640 ; 192 ; 1er juin-30 sept. ; estomac, foie, diabète.

Préchacq-les-Bains (Landes). — 527 ; 20 ; 1er mai-30 sept. ; rhumatisme chronique.

Preste (La) (Pyrénées-Orientales). — 2.186 ; 1.130 ; mai-sept. ; colibacillose.

Rennes-les-Bains (Aude). — 199 ; 311 ; mai-octobre ; rhumatismes.

Roche-Posay (La) (Vienne). — 1.434 ; 73 ; 20 avril-1er oct. ; maladies de la peau.

Royat (Puy-de-Dôme). — 3.667 ; 456 ; 15 mai-30 sept. ; hypertension artérielle, angine de poitrine, artérite.

Sail-les-Bains (Loire). — 360 ; 310 ; juin-septembre ; maladies de la peau, cellulite, goutte, obésité.

Saint-Amand-les-Eaux (Nord). — 14.718 ; 17 ; mai-octobre ; rhumatisme chronique, névrites, névralgies, sciatique, séquelles de fractures.

Saint-Christau (Basses-Pyrénées). — 392 ; 300 ; 1er juin-1er oct. ; maladies de la peau.

Saint-Honoré-les-Bains (Nièvre). — 1.330 ; 302 ; 5 mai-25 sept. ; voies respiratoires.

Saint-Laurent-les-Bains (Ardèche). — 279 ; 840 ; juin-sept. ; rhumatismes.

Saint-Nectaire (Puy-de-Dôme). — 901 ; 760 ; 25 mai-14 sept. ; affections rénales, dyspepsie.

Saint-Sauveur (Hautes-Pyrénées). — 1.550 ; 770 ; juin-oct. ; gynécologie, séquelles de phlébites.

Salies-de-Béarn (Basses-Pyrénées). — 4.979 ; 54 ; avril-oct. ; gynécologie.

Salies-du-Salat (Haute-Garonne). — 1.697 ; 300 ; juin-sept. ; lymphatisme.

Salins-les-Bains (Jura). — 4.470 ; 331 ; juin-sept. ; maladies des enfants, gynécologie, hypotension, varices.

Saujon (Charente-Maritime). — 3.182 ; 7 ; toute l'année ; troubles endocriniens, ménopause, neurasthénie.

Sermaize (Marne). — 2.050 ; 136 ; juin-septembre ; voies urinaires.

Thercis-les-Bains (Landes). — 10 mai-15 oct. ; maladies de la peau, en particulier psoriasis.

Thonon-les-Bains (Haute-Savoie). — 14.016 ; 426 ; juin-sept. ; voies urinaires, migraines.

Thuès-les-Bains (Pyrénées-Orientales). — 76 ; 808 ; Pâques-octobre ; rhumatismes, séquelles de fractures, bronchites, gynécologie.

Uriage (Isère). — 1.407 ; 414 ; 25 mai-25 septembre ; maladies de la peau, gynécologie.

Ussat-les-Bains (Ariège). — 170 ; 485 ; juin-sept. ; neurasthénie, insomnie.

Vals-les-Bains (Ardèche). — 3.843 ; 248 ; 15 mai-1er oct. ; maladies digestives et hépatobiliaires, diabète

Vernet-les-Bains (Pyrénées-Orientales). — 1.450 ; 650 ; toute l'année ; pharyngites, bronchites, rhumatisme, eczéma.

Vic-sur-Cère (Cantal). — 1.861 ; 681 ; juil.-sept. ; estomac, foie, intestin, rein, anémie, paludisme.

Vichy (Allier). — 30.403 ; 264 ; mai-octobre ; foie, *voies biliaires*, diabète, goutte, obésité.

Vittel (Vosges). — 4.040 ; 324 ; 20 mai-25 septembre ; *voies urinaires*, voies biliaires, hypertension artérielle, obésité.

STATIONS THERMALES ÉTRANGÈRES

Belgique

Spa. — 9.002 hab. ; rhumatisme, affections cardiaques.

Italie

Abano Terme (Vénétie). — 14 m ; toute l'année ; rhumatismes, névralgies, suites de fracture, séquelles de phlébite, uricémie, goutte.

Acqui (Piémont). — 164 m ; juin-oct. ; rhumatismes, séquelles de phlébite, gynécologie.

Bagni di Bormio (Lombardie). — 1.132 m ; 15 juin-30 sept.) ; rhumatismes, névralgies, goutte, obésité, diabète.

Merano (Haut Adige). — 324 m ; toute l'année ; cœur et vaisseaux, voies urinaires, gynécologie, maladies de peau.

Montecatini Terme (Toscane). — 29 m ; 1er avril-30 nov. ; estomac, intestin, foie, voies biliaires.

Porto d'Ischia (Campanie). — 1er mai-30 octobre ; rhumatisme et arthrites, suites de fractures et de phlébites, varices, gynécologie.

Salsomaggiore (Emilie). — 160 m ; 1er avr.-30 nov. ; rhumatismes, suites de traumatismes, gynécologie, stérilité.

San Pellegrino Terme (Lombardie). — 354 m ; juin-15 oct. ; goutte, obésité, albuminurie, eczéma.

Sirmione (Lac de Garde). — 15 mars-30 nov. ; rhumatisme, névralgies, asthme, surdité, varices.

Terme di Viterbo (Latium). — 260 m ; juin-sept. ; rhumatisme, névralgies, maladies de la peau, gynécologie.

Luxembourg

Mondorf-les-Bains. — 1.613 hab. ; rhumatisme, foie, voies biliaires.

Suisse

Bad Ragaz Pfaefers. — 600 m ; rhumatismes, névralgies, troubles circulatoires, obésité.

Bex-les-Bains (Vaud). — 450 m ; rhumatisme, troubles circulatoires, gynécologie.

Loèche-les-Bains (Valais). — 1.411 m ; rhumatisme, névralgies, troubles circulatoires, maladies de la peau.

Passugg (Grisons). — 830 m ; troubles cardiaques et circulatoires, appareil digestif, foie, voies biliaires, diabète, obésité.

Schinznach. — 350 m ; rhumatisme, troubles circulatoires, foie et voies biliaires, asthme.

Val Sinestra (Grisons). — 1.480 m ; rhumatisme. maladies tropicales.

INDEX ALPHABÉTIQUE

TABLE DES MATIÈRES

I. LE BARMAN UNIVERSEL.

II. BOISSONS ET LIQUEURS.

III. VINS ET ALCOOLS.

Achevé d'imprimer le 1er octobre 1986
dans les ateliers de Normandie Impression S.A.
61000 Alençon (Orne)
N° d'imprimeur : 861420
N° d'éditeur : 15262
Dépôt légal : novembre 1986